大学通识教育教材

大学生职业发展与就业创业实训教程

DAXUESHENG ZHIYE FAZHAN YU JIUYE CHUANGYE SHIXUN JIAOCHENG

主　编　张惠琴　徐　琴　杨德祥
副主编　杨　晶　张宇翔

中国教育出版传媒集团
高等教育出版社·北京

内容简介

本书根据教育部《大学生职业发展与就业指导课程教学要求》编写,是大学通识教育教材。

本书主要内容包括:自我认知、职业探索、职业规划、职业素质提升、就业准备——笔试、就业准备——面试、创业指导等内容,每部分包含知识结构图、课堂实训、拓展练习、案例研讨和实用工具。

本书可作为高等院校相关课程的教材,对于指导大学生职业发展、就业创业具有重要的参考价值。

图书在版编目(CIP)数据

大学生职业发展与就业创业实训教程 / 张惠琴,徐琴,杨德祥主编. -- 北京:高等教育出版社,2024.8(2025.7重印).
ISBN 978-7-04-062896-8

Ⅰ. G647.38

中国国家版本馆 CIP 数据核字第 2024BZ2437 号

| 策划编辑 | 宇文晓健 | 责任编辑 | 宇文晓健 | 封面设计 | 张文豪 | 责任印制 | 高忠富 |

出版发行	高等教育出版社	网　　址	http://www.hep.edu.cn
社　　址	北京市西城区德外大街4号		http://www.hep.com.cn
邮政编码	100120	网上订购	http://www.hepmall.com.cn
印　　刷	上海叶大印务发展有限公司		http://www.hepmall.com
开　　本	787mm×1092mm　1/16		http://www.hepmall.cn
印　　张	13.25		
字　　数	202千字	版　　次	2024年8月第1版
购书热线	010-58581118	印　　次	2025年7月第4次印刷
咨询电话	400-810-0598	定　　价	32.00元

本书如有缺页、倒页、脱页等质量问题,请到所购图书销售部门联系调换
版权所有　侵权必究
物　料　号　62896-00

前　言

就业是民生之本,青年就业问题更是重中之重。青年就业关系个人成长成才,更关乎国家发展与未来。大学生就业问题受到了社会各界的广泛关注。为此,我国多数高等院校开设了与大学生择业、就业和创业相关的职业规划类课程,这些课程已成为高校引导大学生进行职业选择的重要途径。

然而,尽管职业生涯规划类课程的重要性日益凸显,但效果却并不尽如人意。《青年群体职业规划数据分析报告(2023)》显示,近九成青年表示学校开设了相关课程,但49.50%的青年对学校的职业规划课程认可度低,对职业生涯规划的认识仍然模糊,甚至认为这类课程无关紧要。究其原因,主要在于当前高校职业生涯规划类课程侧重理论,缺乏足够的实践操作。因此,我们在《大学生职业生涯发展规划实操手册》2013版的基础上,增加了与就业和创业相关的三个章节,并在所有章节丰富了实操与练习内容,进一步提升了教材的指导性和实践性,修订完成了这一版本的《大学生职业发展与就业创业实训教程》,旨在通过丰富的课堂练习和课后训练,帮助大学生更好地掌握理论知识并提升相关技能。

本书内容共分为七章,每章包含五个部分。第一部分的知识结构图为大学生提供了本章所需掌握的核心知识和技能,为后续实践活动奠定基础。第二部分的课堂实训精选了1—3个具有代表性、趣味性或实用性的活动,旨在辅助课堂教学。第三部分的拓展练习提供了1—3个练习,既可由教师根据实际情况选择实施,也可作为大学生的课后作业,使其加深对章节内容的理解。第四部分的案例研讨结合了章节知识,提供了讨论案例,有助于大学生深化理解和树立正确的思想观念。最后,第五部分的实用工具介绍了职业生涯规划的常用工具和知识,供学生学习和参考。

本书凝聚了团队成员多年教学、科研和管理的成果和心血。本书的编写团队由具有丰富教学、科研和管理经验的高校教师和管理人员组成,团队成员中有的长期从事大学生职业生涯规划与就业创业指导教学科研工作,有的多年来一直指导和组织大学生职业规划与职业训练相关活动,有的长期从事大学生的就业管理工作。同时,本书在编写中还得到了一些在企业从事经营管理和人力资源管理的具有丰富实践经验的企业专家的支持和帮助。他们对本书的结构内容提出了很多好的修改建议,也提供了许多案例资料。

全书由张惠琴教授拟定各章节大纲和写作内容,团队集体分工合作,其中前言、后记由张惠琴编写;第一、三章由张惠琴、杨德祥编写;第二、四章由徐琴、杨晶编写;第五、六、七章由杨德祥、杨晶、张宇翔编写。张宇翔、徐琴、杨晶承担了书稿的修改、统稿和审定工作,徐琴和张宇翔负责本书编写中的组织协调工作。几位研究生做了大量的资料收集和资料整理工作,他们是成都理工大学管理科学学院的李艺源、李国亮、刘亚坤、龙曼、单宣铭、李佩莹,在此对他们的辛勤工作表示感谢。

在本书的编写过程中,我们参考并借鉴了前人和同行的大量研究成果、专著和论文,在这里向他们表示感谢。

限于编者水平,书中难免有疏漏和不妥之处,希望广大专家、学者和读者给予批评指正,以便我们进一步修订和完善。

编 者

2024 年 5 月

目　录

第一章　自我认知　001

【知识结构图】　002

【课堂实训】　003

MBTI 职业性格测试　003

【拓展练习】　024

练习一　给己画像　024

练习二　天生我才　027

练习三　梦想启航　029

【案例研讨】　030

案例一　小明的觉醒：内心之光引领命运　030

案例二　探索之旅：寻找自我职业的奇妙发现　032

案例三　探索绿色未来：杰克的环境科学之旅　033

【实用工具】　035

工具一　读研自我效能问卷　035

工具二　就业自我效能问卷　037

第二章　职业探索　039

【知识结构图】　040

【课堂实训】　041

活动一　心仪职业探索　041

活动二　职业探索活动　　　　　　　　　　　　046
活动三　职业环境分析　　　　　　　　　　　　047
【拓展练习】　　　　　　　　　　　　　　　　049
练习一　职业生涯人物访谈　　　　　　　　　　049
练习二　霍兰德兴趣小岛　　　　　　　　　　　051
练习三　职业价值观探索　　　　　　　　　　　054
【案例研讨】　　　　　　　　　　　　　　　　056
案例一　相同的起跑线，截然不同的职业轨迹　　056
案例二　职业之路的抉择　　　　　　　　　　　058
案例三　当迷茫遇见悟透：寻找职业真我的旅程　059
【实用工具】　　　　　　　　　　　　　　　　061
工具一　SWOT 分析法　　　　　　　　　　　061
工具二　决策平衡单法　　　　　　　　　　　　065
工具三　决策风格探索　　　　　　　　　　　　066

第三章　职业规划　　　　　　　　　　　　　069

【知识结构图】　　　　　　　　　　　　　　　070
【课堂实训】　　　　　　　　　　　　　　　　071
活动一　生涯幻游　　　　　　　　　　　　　　071
活动二　生涯目标分解　　　　　　　　　　　　073
【拓展练习】　　　　　　　　　　　　　　　　076
练习一　人生设计规划表　　　　　　　　　　　076
练习二　职业生涯规划表　　　　　　　　　　　078
练习三　名片探索　　　　　　　　　　　　　　085
【案例研讨】　　　　　　　　　　　　　　　　087
案例一　未来从幻游开始　　　　　　　　　　　087
案例二　寻找我的舞台　　　　　　　　　　　　089
案例三　职业规划调整　　　　　　　　　　　　092

【实用工具】 094
工具一　五步规划法 094
工具二　CASVE 循环 096

第四章　职业素质提升　099

【知识结构图】 100

【课堂实训】 101
活动一　职业意识讨论 101
活动二　职业能力综合训练 102

【拓展练习】 106
练习一　成就事件练习 106
练习二　能力倾向测试 110

【案例研讨】 121
案例一　新时代的工匠精神 121
案例二　职业竞技场 123
案例三　不断追求卓越 125

【实用工具】 128
最佳技能识别卡 128

第五章　就业准备——笔试　131

【知识结构图】 132

【课堂实训】 133
笔试规划 133

【拓展练习】 137
练习一　笔试了解区 137
练习二　笔试讨论区 143

【案例研讨】 147
案例一　逆境中的笔试：李雷的求职历程 147

案例二　小明与小亮的笔试之路　　　　　　　　　149
【实用工具】　　　　　　　　　　　　　　　　　151
工具一　笔试高分字体口诀　　　　　　　　　　151
工具二　相关网址链接　　　　　　　　　　　　151

第六章　就业准备——面试　　　　　　　　　153

【知识结构图】　　　　　　　　　　　　　　　　154
【课堂实训】　　　　　　　　　　　　　　　　　155
活动一　自我介绍　　　　　　　　　　　　　　155
活动二　模拟面试场景　　　　　　　　　　　　158
活动三　无领导小组讨论　　　　　　　　　　　161
【拓展练习】　　　　　　　　　　　　　　　　　163
制作简历　　　　　　　　　　　　　　　　　　163
【案例研讨】　　　　　　　　　　　　　　　　　166
案例一　一个应届毕业生的求职故事　　　　　　166
案例二　简历之差引求职之变　　　　　　　　　167
【实用工具】　　　　　　　　　　　　　　　　　170
常见面试问题及解析　　　　　　　　　　　　　170

第七章　创业指导　　　　　　　　　　　　　　175

【知识结构图】　　　　　　　　　　　　　　　　176
【课堂实训】　　　　　　　　　　　　　　　　　177
介绍你所熟知的企业　　　　　　　　　　　　　177
【拓展练习】　　　　　　　　　　　　　　　　　178
练习一　创新思维探索　　　　　　　　　　　　178
练习二　创业机会分析　　　　　　　　　　　　181
练习三　创业计划书撰写　　　　　　　　　　　187
【案例研讨】　　　　　　　　　　　　　　　　　189
案例一　智能出行：小明的创业　　　　　　　　189

案例二　智慧教育计划：探索未来的学习之路　　190

【实用工具】　　192

创新创业能力量表　　192

后记　　196

第一章
自我认知

知识结构图

全面深入地认知自我是进行职业生涯规划的基础和关键。本部分展示了自我认知、职业价值观、职业性格和职业兴趣的理论框架,通过深化对知识结构的理解,协助学生选用恰当的自我认知方法并借助实用的测评工具和探索活动,形成对职业价值观、性格、兴趣的正确认识,从而为后期职业生涯规划奠定基础。

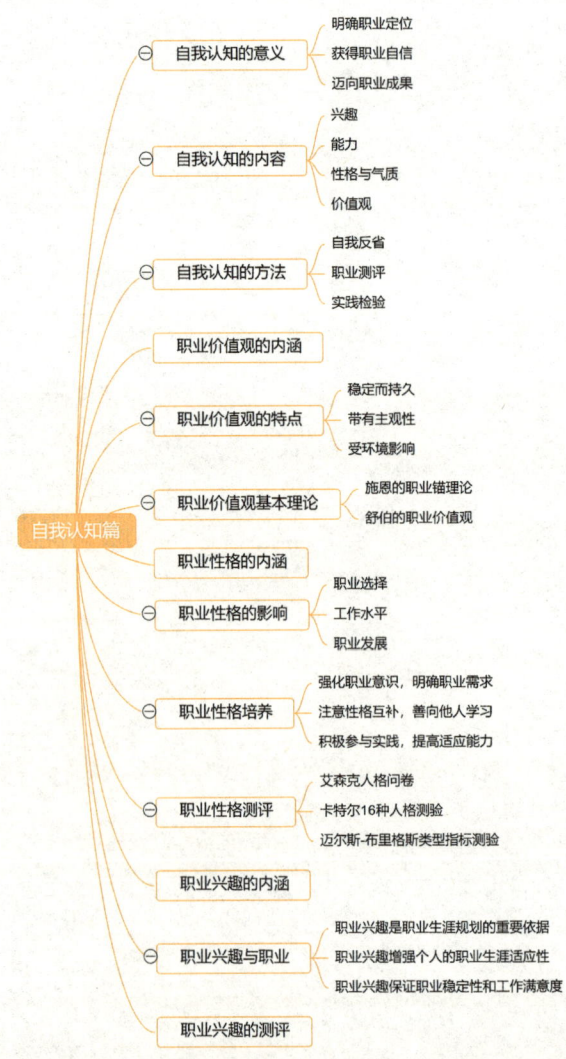

课堂实训

MBTI 职业性格测试

实训简介

MBTI人格理论源自瑞士著名心理学家卡尔·荣格的心理类型理论,并在美国心理学家凯瑟琳·布里格斯和同为心理学家的女儿伊莎贝尔·迈尔斯的研究和发展下,广泛地应用于职业发展、团队建设等方面,是目前国际上较为通用的个性测评理论。

实训目标

学生通过MBTI职业性格测试,深入了解个体的本我,探索个人性格倾向,认识自己的优点和缺点,并接受自己的现状;同时,学会理解和接纳他人的不同,促进团队建设和有效配合,在工作和学习中实现相互理解和协作。

实训步骤

第一步:选择测评工具。

MBTI的国际测试题有48题通用版,随着对MBTI的研究不断深入,国内测试已经出现标准版、专业版、完整版等不同版本,且国内不同机构所提供的测试版本在题目内容和数量上存在差别,大家可在权威网站测试。

第二步:进行测试。

以下MBTI测试题共93题,为了清晰呈现,把情境题与词语题分别用表格呈现。表1-1是情境题,即根据特定情形,选择最能描述你的感受和行为的选项;表1-2是词语题,即根据每对词组的意思,选择最合你意的词语。表中的"○",代表各题项中A、B选项所对应的偏好倾向,涂黑"○"代表答题者所做的选择。MBTI包含四个维度,每个维度各有两种不同的偏好倾向,分别是外向(E)/内向(I)、感觉(S)/直觉(N)、情感(F)/思考(T)、判断(J)/认知(P)。在量表中根据四个维度八个倾向下的"○"的数量确定各个维度下的偏好倾向,例如,外向(E)列下共计13个"○",内向(I)列共计9个"○",则参与者偏向于外向型。

表 1-1 MBTI 测试(情境题)

序号	问题描述	选项	E	I	S	N	T	F	J	P
1	当你要外出一整天时,你会( )。 A. 计划你要做什么和什么时候做 B. 说去就去	A							○	
		B								○
2	你认为自己是一个( )。 A. 较为随意的人 B. 较有条理的人	A								○
		B							○	
3	假如你是一位老师,你会选教( )。 A. 以事实为主的课程 B. 涉及理论的课程	A			○					
		B				○				
4	你通常( )。 A. 容易与人混熟 B. 比较沉静或矜持	A	○							
		B		○						
5	一般来说,你和( )比较合得来。 A. 富于想象力的人 B. 现实的人	A				○				
		B			○					
6	你经常让( )。 A. 你的情感主宰你的理智 B. 你的理智主宰你的情感	A						○		
		B					○			
7	在处理事情上,你喜欢( )。 A. 随兴之所至行事 B. 按照计划行事	A								○
		B							○	
8	你( )。 A. 让人容易了解 B. 让人难以了解	A	○							
		B		○						

续表

序号	问题描述	选项	E	I	S	N	T	F	J	P
9	按照程序做事（　　）。 A. 合你心意 B. 令你感到束缚	A B							○	○
10	当有一个特别的任务时,你会（　　）。 A. 在开始前小心组织、计划 B. 边做边想需要做什么	A B							○	○
11	在大多数情况下,你会选择（　　）。 A. 顺其自然 B. 按程序做事	A B							○	○
12	大多数人会说你是一个（　　）。 A. 重视自我隐私的人 B. 非常坦率、开放的人	A B		○						
13	你宁愿被人认为是一个（　　）。 A. 实事求是的人 B. 机灵的人	A B			○	○				
14	在一大群人当中,通常是（　　）。 A. 你介绍大家认识 B. 别人介绍你和大家认识	A B	○	○						
15	你会跟（　　）人做朋友。 A. 常提出新主意的 B. 脚踏实地的	A B			○	○				
16	你倾向（　　）。 A. 重视感情多于逻辑 B. 重视逻辑多于感情	A B					○	○		
17	你比较喜欢（　　）。 A. 坐观事情发展后再做计划 B. 很早就做计划	A B							○	○

续表

序号	问题描述	选项	E	I	S	N	T	F	J	P
18	你喜欢花很多的时间（　　）。 A. 独处 B. 和别人在一起	A		○						
		B	○							
19	与很多人一起（　　）。 A. 令你活力倍增 B. 令你心力交瘁	A	○							
		B		○						
20	你比较喜欢（　　）。 A. 很早便把约会、社交等事情安排妥当 B. 无拘无束，看什么好玩就做什么	A							○	
		B								○
21	计划旅程时，你较喜欢（　　）。 A. 跟着当天的感觉行事 B. 事先安排大部分的日子做什么	A								○
		B							○	
22	在社交聚会中，你（　　）。 A. 有时感到郁闷 B. 常常乐在其中	A		○						
		B	○							
23	你通常（　　）。 A. 容易和别人混熟 B. 倾向自处一隅	A	○							
		B		○						
24	（　　）会更吸引你。 A. 思维敏捷、非常聪颖的人 B. 实事求是、具有丰富常识的人	A				○				
		B			○					
25	在日常工作中，你（　　）。 A. 颇为喜欢处理迫使你分秒必争的突发事件 B. 通常预先计划，以免在压力下工作	A								○
		B							○	
26	你认为别人一般（　　）。 A. 要花很长时间才了解你 B. 用很短的时间便了解你	A		○						
		B	○							

续 表

序号	问题描述	选项	E	I	S	N	T	F	J	P
27	当你要在一个星期内完成一个大项目时,你在开始的时候会( )。 A. 把要做的不同工作依次列出 B. 马上动工	A							○	
		B								○
28	在社交场合,你经常感到( )。 A. 很难对某些人打开话匣子并与之保持对话 B. 与多数人都能从容地长谈	A		○						
		B	○							
29	要做许多人都做的事,你比较喜欢( )。 A. 按照一般人认可的方法去做 B. 构想一个自己的方法	A			○					
		B				○				
30	你对刚认识的朋友( )说出你的兴趣。 A. 马上可以 B. 要待他们真正了解你之后才可以	A	○							
		B		○						
31	你通常较喜欢的科目是( )。 A. 关于概念和原则的 B. 关于事实和数据的	A				○				
		B			○					
32	你认为( )是较高的赞誉。 A. 一贯感性的人 B. 一贯理性的人	A						○		
		B					○			
33	你认为按照程序做事( )。 A. 有时是需要的,但一般来说你不大喜欢这样做 B. 大多数情况下有帮助,而且是你喜欢的	A								○
		B							○	
34	和一群人在一起,你通常会( )。 A. 跟你熟悉的个别人谈话 B. 参与大伙的谈话	A		○						
		B	○							
35	在社交聚会上,你会( )。 A. 是说话很多的一个 B. 让别人多说话	A	○							
		B		○						

续表

序号	问题描述	选项	E	I	S	N	T	F	J	P
36	把周末要完成的事列成清单,这个主意( )。 A. 合你意 B. 使你提不起劲	A							○	
		B								○
37	你认为( )是较高的赞誉。 A. 能干 B. 富有同情心	A					○			
		B						○		
38	你通常喜欢( )。 A. 事先安排你的社交约会 B. 随兴之所至做事	A							○	
		B								○
39	总的说来,要做一项大型作业时,你会选择( )。 A. 边做边想该做什么 B. 首先把工作按步细分	A								○
		B							○	
40	你( )滔滔不绝地聊天。 A. 只跟和你有共同兴趣的人 B. 几乎跟任何人都可以	A		○						
		B	○							
41	你会( )。 A. 采用被证明有效的方法做事 B. 分析还有什么问题,并攻克尚未被解决的难题	A			○					
		B				○				
42	为乐趣而阅读时,你( )。 A. 喜欢奇特或创新的表达方式 B. 喜欢直接的表达方式	A				○				
		B			○					
43	你宁愿替( )上司工作。 A. 天性纯良但常常前后不一的 B. 言辞尖锐但永远合乎逻辑的	A						○		
		B					○			
44	你做事多数是( )。 A. 按当天的心情去做 B. 按拟好的程序去做	A								○
		B							○	

续 表

序号	问题描述	选项	E	I	S	N	T	F	J	P
45	你（　　）。 A. 可以和任何人按需求从容地交谈 B. 只是对某些人或在某种情况下才可以畅所欲言	A	○							
		B		○						
46	要做决定时,你认为比较重要的是（　　）。 A. 根据事实衡量 B. 考虑他人的感受和意见	A					○			
		B						○		

表 1-2　MBTI 测试（词语题）

序号	问题描述	选项	E	I	S	N	T	F	J	P
47	A. 注重隐私 B. 坦率开放	A		○						
		B	○							
48	A. 预先安排的 B. 无计划的	A							○	
		B								○
49	A. 抽象 B. 具体	A				○				
		B			○					
50	A. 温柔 B. 坚定	A						○		
		B					○			
51	A. 思考 B. 感受	A					○			
		B						○		
52	A. 事实 B. 意念	A			○					
		B				○				
53	A. 冲动 B. 决定	A								○
		B							○	

续表

序号	问题描述	选项	E	I	S	N	T	F	J	P
54	A. 热衷 B. 文静	A B	○ |	○						
55	A. 文静 B. 外向	A B	○	○						
56	A. 系统化 B. 随意	A B							○	○
57	A. 理论 B. 肯定	A B			○	○				
58	A. 敏感 B. 公正	A B					○	○		
59	A. 令人信服的 B. 感人的	A B					○	○		
60	A. 声明 B. 概念	A B			○	○				
61	A. 不受约束 B. 预先安排	A B							○	○
62	A. 矜持 B. 健谈	A B	○	○						
63	A. 有条不紊 B. 不拘小节	A B							○	○
64	A. 意念 B. 实况	A B			○	○				

续表

序号	问题描述	选项	E	I	S	N	T	F	J	P
65	A. 同情 B. 远见	A B					○	○		
66	A. 利益 B. 祝福	A B					○	○		
67	A. 务实的 B. 理论的	A B			○	○				
68	A. 朋友不多 B. 朋友众多	A B	○	○						
69	A. 有系统 B. 即兴	A B							○	○
70	A. 想象丰富 B. 就事论事	A B			○	○				
71	A. 亲切的 B. 客观的	A B					○	○		
72	A. 客观的 B. 热情的	A B					○	○		
73	A. 建造 B. 发明	A B			○	○				
74	A. 文静 B. 合群	A B	○	○						
75	A. 理论 B. 事实	A B			○	○				

续 表

序号	问题描述	选项	E	I	S	N	T	F	J	P
76	A. 富有同情心 B. 合乎逻辑	A						○		
		B					○			
77	A. 具有分析力 B. 多愁善感	A					○			
		B						○		
78	A. 合情合理 B. 令人着迷	A			○					
		B				○				
79	A. 想象的 B. 真实的	A				○				
		B			○					
80	A. 仁慈慷慨的 B. 意志坚定的	A						○		
		B					○			
81	A. 公正的 B. 有关怀心的	A					○			
		B						○		
82	A. 制作 B. 设计	A			○					
		B				○				
83	A. 可能性 B. 必然性	A				○				
		B			○					
84	A. 温柔 B. 力量	A						○		
		B					○			
85	A. 实际 B. 多愁善感	A					○			
		B						○		
86	A. 制造 B. 创造	A			○					
		B				○				

续 表

序号	问题描述	选项	E	I	S	N	T	F	J	P
87	A. 新颖的 B. 已知的	A				○				
		B			○					
88	A. 同情 B. 分析	A						○		
		B					○			
89	A. 坚持己见 B. 有爱心	A					○			
		B						○		
90	A. 具体的 B. 抽象的	A			○					
		B				○				
91	A. 全心投入 B. 有决心	A						○		
		B					○			
92	A. 能干 B. 仁慈	A					○			
		B						○		
93	A. 实际 B. 创新	A			○					
		B				○				

第三步：获得你的性格类型。

参与测评后，会自动得出自己四个维度的偏向，组合成自己的性格类型（表1-3）。

表1-3 性格类型

内向感觉思考判断 ISTJ 型	内向感觉情感判断 ISFJ 型	内向直觉情感判断 INFJ 型	内向直觉思考判断 INTJ 型
内向感觉思考认知 ISTP 型	内向感觉情感认知 ISFP 型	内向直觉情感认知 INFP 型	内向直觉思考认知 INTP 型

续表

外向感觉思考认知 ESTP 型	外向感觉情感认知 ESFP 型	外向直觉情感认知 ENFP 型	外向直觉思考认知 ENTP 型
外向感觉思考判断 ESTJ 型	外向感觉情感判断 ESFJ 型	外向直觉情感判断 ENFJ 型	外向直觉思考判断 ENTJ 型

第四步：深入了解你的性格类型。

1. ISTJ 型（内向，感觉，思考，判断）

ISTJ 型人具有以下优点：

(1) 有责任感，是社会中的明智坚定分子。

(2) 信守诺言，值得信赖。

(3) 注重实际，办事认真、仔细。

(4) 善于聆听并喜欢事情被切合实际而清楚地安排好。

(5) 天生独立，遇到危机都能表现得很平静。

(6) 天性安静而且勤奋，对细节有较强的判断力。

(7) 责无旁贷而且坚定不移，但在他们冰冷的外表下面，还有许多未表现出来的情感。

ISTJ 型人的缺点以及改进方式：

(1) 常常会迷失在工作的细节和日常操作中。一旦沉浸进去，就会变得顽固，而且对其他的观点置之不理。要注意收集更广泛的信息，并且理智地评估一下自己的行为可能带来的后果，可以增大自己在该领域的影响力。

(2) 有时不能明白别人的需求，因此可能被看作冷酷无情的人。在日常生活中，应该把对别人的欣赏表达出来，而不是留在心里。

2. ISFJ 型（内向，感觉，情感，判断）

ISFJ 型人具有以下优点：

(1) 忠心耿耿、富有同情心，喜欢助人为乐。

(2) 对他人的情感有敏锐的感觉。尽职尽责，喜欢被人需要。

(3) 崇尚现实，喜欢安静而不摆架子的人。

（4）喜欢大量地吸收并运用事实，而且对细节有很强的记忆力，能够耐心地完成整个任务。

（5）在工作时严谨而有条理，愿意清楚而明确地安排好事情。

（6）在做决定时能运用客观的判断和自己杰出的洞察力。

（7）不愿意把个人情感表现出来，但实际上对大多数情况或事件都有很强烈的个人反应。

ISFJ 型人的缺点以及改进方式：

（1）生活过得现实，很难全面地观察问题，也很难预见情况的可能性，尤其是对不熟悉的情况。他们需要往前看，而且需要设想一下如果换个方式，事情能变成什么样。

（2）不喜欢表达个人情感，但实际上对于大多数的情况和事件都具有强烈的个人反应。生活中，要学会告诉人们自己的需要和理想，让他人了解自己并尊重自己。

（3）总是过度地计划，因此他们需要制定一些策略来调整自己专注的焦点，需要找到途径来给自己安排必要的娱乐和放松活动。

3. INFJ 型（内向，直觉，情感，判断）

INFJ 型人具有以下优点：

（1）有创意，生活在一个充满想法的世界中。

（2）独立的思考者，感情强烈，有着坚定的原则并具有良好的个人品德。

（3）相信自己的想法和决定，对现实情况有深刻的认识和洞察力，看问题入木三分。

（4）忠诚，有责任心，并且很理想化，追求完美，可以成为领导者。

（5）喜欢劝说他人相信自己观点的有效性，但也会尽全力维护交情和避免冲突。

（6）理想化，重感情，有同情心，很在意别人的感情和兴趣，善于与复杂的人打交道。

INFJ 型人的缺点以及改进方式：

（1）过于专注想法，有时会显得不切实际，而且会忽视一些细节。要注意留意周围的情况,并且要善于运用已被证实的信息帮助自己发挥创造性思维。

(2) 时刻受到自己原则的约束,没有远见,不知变通,抵制与自己想法相冲突的意见。因为对他们来说,自己的地位是不容置疑的。他们应该调整自己的心态,接受生活中更多的可能性。

(3) 有顽固的倾向,对任何批评都会过度敏感,当矛盾升级时,还会感到失望和绝望。他们应该增加受挫折的钝感力,从而更从容不迫地面对生活。

4. INTJ 型(内向,直觉,思考,判断)

INTJ 型人具有以下优点:

(1) 完美主义者,自制力强,看重个人能力。

(2) 逻辑性强,有判断力,才华横溢,也很聪明;对自己和别人的要求都很严格,不会受到别人的冷遇和批评。

(3) 个性独立,敢于挑战权威,但会遵守那些有助于他们实现目标的规定。

(4) 具有创造性的思维,是智者。

(5) 善于研究理论,是优秀的策略家。

INTJ 型人的缺点以及改进方式:

(1) 有时给自己制定了不切实际的高标准,可能对自己和他人期望过高。实际上,他们不关心自己的标准是否会影响其他人,只注重自己。

(2) 生活中要想变得更加有效率,就得学会放弃一些不重要的观念,而成功地抓住重要影响因素。当他们努力地去接受现实并学会与他人相处后,他们将获得更多的平衡感和能力,并让自己的新观念为人所接受。

5. ISTP 型(内向,感觉,思考,认知)

ISTP 型人具有以下优点:

(1) 奉行实用主义,喜欢行动,不愿意空谈。

(2) 坦白、诚实、实际、谦虚,对事物的规律性有很好的了解。

(3) 善于分析,敏于观察,好奇心强,对技术性工作很有天赋。

（4）只相信确凿可靠的事实，能够很好地利用一切可利用的资源，善于瞄准时机。

（5）生活中，安静，沉默，表现出一副冷酷无情的外表，时常被认为不愿接近人。

（6）喜欢户外活动，并且具备很好的迎接挑战和处理问题的能力。

ISTP型人的缺点以及改进方式：

（1）不喜欢和别人分享自己的情感。总是喜欢独自做出判断，这使得周围的人对其一无所知；应该学会分享。

（2）过度向往空闲时间使他们有时会投机取巧；对刺激的追求也使他们变得鲁莽、轻率而且容易厌烦；应该脚踏实地。

6. ISFP型（内向，感觉，情感，认知）

ISFP型人具有以下优点：

（1）温柔、体贴，具有绅士风度，有强烈的个人理想和价值观，习惯以行动表达自己的感受。

（2）常通过行动而不是语言来表达自己炽烈的情感。

（3）有耐心，做事能屈能伸，十分随和，无意控制他人，能以一种实事求是的态度接受他人的行为。

（4）全身心地投入此时此刻的工作中，喜欢享受现今的经验而不是迅速冲往下一个挑战。

（5）努力为自己创造一种优雅而个性化的环境，喜欢花时间来了解那些内心忠诚的人。

ISFP型人的缺点以及改进方式：

（1）高度敏感，这使得他们可以清楚地看到他人的需要，并且有时会为了满足这些需要而拼命地工作，以至于在此过程中忽视了自己。他们应该花时间来像关心别人一样关心自己；努力控制自己的冲动，并偶尔享受一下安静的生活。

（2）他们对批评相当敏感，而且会因受到批评而生气或气馁。

7. INFP型（内向，直觉，情感，认知）

INFP型人具有以下优点：

（1）他们认为内在的和谐胜过一切，愿意为自己认为值得的事业去奋斗。

（2）思路开阔，好奇心强，有洞察力，具有长远眼光。

（3）有些敏感，偏于理想化，忠诚，有着非常强烈的荣誉感。

（4）在日常生活中他们经常比较通融，较有容忍力，而且适应力强。尽管外表看起来冷峻，但内心却很在乎外界，只是很少表露出强烈的情感。但熟悉后他们会变得十分热情。

（5）仁慈，有同情心，善于理解他人，对他人的情感十分在意。

（6）很有说服力，尊重那些理解自己目标和价值的人。

INFP型人的缺点以及改进方式：

（1）不太在意逻辑，因此有时会犯错误。如果他们能听取更实际的人的建议，对他们是很有好处的。

（2）他们总是用不切实际的高标准来要求自己，这会导致他们感到自己是不胜任的。试着更客观地看待自己的事情可以增强其对批评和失望的承受力。

8. INTP型（内向，直觉，思考，认知）

INTP型人具有以下优点：

（1）善于处理抽象的事物，他们满腹经纶，时刻能闪现出创造的睿智火花。

（2）外表恬静，内心却很专注地思考问题。

（3）有判断力，时刻保留着自己的怀疑态度。

（4）主要对发现可能性感兴趣，而不是对那些已知的、已被承认的或很明显的东西感兴趣。

（5）目光挑剔，独立性极强，喜欢富有想象力的活动。

INTP型人的缺点以及改进方式：

（1）注重自己的逻辑分析，可能不会考虑别人的想法。如果某事不合逻辑，即使它对自己很重要，这种类型的人也很可能会放弃它。他们应针对此进行改进。

（2）善于发现某一想法的缺陷却很难表达。他们对细节没有耐心，应该提高专注力。

9. ESTP 型（外向，感觉，思考，认知）

ESTP 型人具有以下优点：

(1) 无忧无虑，属于乐天派。

(2) 活泼，随遇而安，天真直率，喜欢安于现状，不喜欢从长计议。

(3) 善于接受现实，有着宽广的胸怀，极强的包容心。

(4) 好奇心强又极端现实，相信感觉给他们的信息。

(5) 重视行动而不是语言，他们能快速地吸取必要的指示，找到合乎逻辑的办法并成功地解决问题。

(6) 可能成为外交家，喜欢探求新方法，并经常劝说别人给他们一个妥协的机会。

ESTP 型人的缺点以及改进方式：

(1) 只着眼于现在的偏好，常常一次做很多事情，到最后发现不能履行诺言。他们需要把眼光放得远一点。

(2) 在力求诚实时往往会忽视他人的情感，变得迟钝，只有把自己的观察能力用在周围的人群中才能更有影响力。他们还需要掌握时间观念和长远规划的技巧，以帮助自己完成任务。

10. ESFP 型（外向，感觉，情感，认知）

ESFP 型人具有以下优点：

(1) 生性爱玩、充满活力。

(2) 适应性强而且随遇而安，热情友好而且慷慨。天生就受欢迎，天真率直，很有魅力和说服力。

(3) 表现欲强烈。

(4) 重视事实，并对细节有很好的记忆力，因此他们能从亲身经历中学到许多东西。

(5) 能够容忍他人，而且不喜欢把自己的意愿强加给别人。

(6) 现实的观察者，他们能够看到并接受事务的本来面目。

ESFP 型人的缺点以及改进方式：

(1) 把体验和享受生活放在第一位，这常常使他们不是那么尽职尽责；

喜欢交际的特点可能会令他们多管闲事并使自己陷入麻烦之中。因此，他们应进行有针对性地改进。

（2）易受干扰而分心，以至于不能完成工作，从而使他们变得懒惰；应该提高专注力。

（3）经常在做决定时不考虑后果，而习惯相信自己的感觉，排斥更客观的事实，因此，他们需要后退一步，考虑一下事情的起因结果，并努力让自己在工作中变得坚强。

11. ENFP 型（外向，直觉，情感，认知）

ENFP 型人具有以下优点：

（1）热情奔放并富有新思想。

（2）乐观、率性、积极、自觉，有创造力而且很自信，能深刻认识到哪些事情可为。

（3）把灵感看得比一切都重要，是天生的发明家。

（4）看重所有事情的含义，对不寻常的东西有很敏锐的洞察力，注重理解而不是判断。

（5）不墨守成规，善于开拓创新。

（6）喜欢面对和解决问题，能够把自己的天赋与别人的优势很好地结合起来。

ENFP 型人的缺点以及改进方式：

（1）觉得想出新主意是很容易的，他们经常无法在一段时间里专注于一件事，而且也不善于做决定。

（2）易失去兴趣，缺少一种完成任务的自制力。这类型人应该学会尽可能努力地完成那些沉闷却必要的任务，应掌握良好的时间观念和自我控制能力，当他们能够理智地考虑客观情况时，他们是很有作为的，而且他们应该收集更切实际的想法使自己的新思路得以施展。

12. ENTP 型（外向，直觉，思考，认知）

ENTP 型人具有以下优点：

（1）喜欢接受挑战，总是在孜孜不倦地提高自己的能力。

（2）他们热情、健谈，对许多事情都很拿手，是典型的多面手。

（3）天生属于事业型人物。对新观念着迷，并且很留意各种可能性。有很强的主动性和创造性。

（4）勤学好问，多才多艺，适应性强，并且知识渊博，很善于处理有挑战性的问题。

（5）机警而坦率，可以从任何角度找出问题所在。

（6）喜欢自由的生活，并且能从日常事务中发现乐趣和变化。

ENTP 型人的缺点以及改进方式：

（1）注重创造力和革新胜过一切，他们的热情促使他们寻找新鲜事物，以至于会忽视必要的准备，而草率地陷入其中。

（2）有时会太过直率而不够灵活，因此，他们应该经常体会一下自己的真实情感。

（3）那种天生快速的预知能力使他们有时错误地以为已经知道了别人想要说的话，并经常插话；应改变这个习惯。

13. ESTJ 型（外向，感觉，思考，判断）

ESTJ 型人具有以下优点：

（1）办事能力强，喜欢出风头，做起事来风风火火。

（2）逻辑性很强，客观，善于分析，有很强的推理能力。

（3）着眼于实际，喜欢自己做决定。

（4）在生活中很讲原则，因此他们很坚定，很可信。

（5）喜欢让自己在他人面前显得传统一些，擅长判断，而且严于律己。

ESTJ 型人的缺点以及改进方式：

（1）冷淡而且对人漠不关心，因此他们通常需要对自己的情感及别人的情感更加留心和尊重。

（2）他们不喜欢赞同和表扬别人的才能和努力，应该真诚地赞美别人。

（3）经常在还没有集齐所有的必要信息，或还没有花足够的时间了解情况的时候就评估结果。

（4）他们需要学会有意识地推迟做决定的时间，直到他们考虑了所有的信息，尤其要考虑他们可能会忽视的其他选择。

14. ESFJ 型(外向,感觉,情感,判断)

ESFJ 型人具有以下优点:

(1) 喜欢通过直接的行动与合作给他人提供实际的帮助。

(2) 责任心强,待人友好而且有同情心。

(3) 非常注重人际关系,因此非常受人欢迎,而且健谈。

(4) 遇事果断而坚定,态度认真,喜欢将事情安排妥当。

(5) 能坚决地表达意见。

ESFJ 型人的缺点以及改进方式:

(1) 在紧张而痛苦的时候,会对现实情况熟视无睹。他们需要学会直接而诚实地处理矛盾。

(2) 总是由于想取悦或帮助他人而忽视自己的需求。当他们不能找到改变自己生活的途径时,就可能变得消极和郁闷。

(3) 不愿意用新方法解决问题,不知道变通,因而延迟做判断的时间。

15. ENFJ 型(外向,直觉,情感,判断)

ENFJ 型人具有以下优点:

(1) 充满爱心,擅长交际,并且会经常运用自己的口才天赋。

(2) 对生活充满热情,并感到自己与万物都是息息相关的。

(3) 典型的理想主义者,往往对自己很挑剔。

(4) 对自己尊重仰慕的人、事业和工作单位都非常忠诚。

(5) 关注他人的感受,很少在公共场合发表批评意见。

(6) 性情平和、心胸宽阔,很会促进周边关系的和睦。

(7) 受欢迎,具有领导气质,是自然的领导者。

(8) 会看人,有责任心和同情心,能够理解、帮扶他人,总是看到别人好的一方面。

ENFJ 型人的缺点以及改进方式:

(1) 过于认真和动感情,以至于有时会陷于他人的问题或感情中无法自拔。

(2) 当事情没有如所期望的那样成功时,他们会感到失落,会退缩,感到自己不被欣赏;应该正确地应对挫折。

(3) 由于重视和睦气氛,他们会忽视自己的需求和忽略实际的问题,有时会保持一种不够公平的关系；同时，过于关心他人的情感会令他们无视那些可能带来批评和伤感情的重要事实。他们应该学会正确处理各方面的关系。

（4）因为他们热情过高，又急于迎接新的挑战，所以有时会做出错误的假设或草率的决定。这时，需要放慢脚步，等获得足够多的信息后再行动。

（5）喜欢接受赞扬，但对于批评会很敏感，即使是无害或好意的批评，他们都很难接受；应该客观看待批评。

16. ENTJ 型（外向，直觉，思考，判断）

ENTJ 型人具有以下优点：

（1）是极为有力的领导人和决策者，能够明察一切事物中的各种可能性。

（2）总是试图同时取悦许多人。

（3）喜欢发号施令，不轻易批评别人，而且也不喜欢说不。

（4）注重真理，善于做需要推理和智慧的工作，是天才的思想家和长远的规划者。

（5）善于组织群众，生活非常严谨而且期望别人也是如此。

（6）在做计划和研究新事物时是很系统化的。

ENTJ 型人的缺点以及改进方式：

（1）有时会急于做出决定，比较粗心直率，无耐心并且不敏感，不妥协并且很难接近；应该改正急躁、粗心的缺点。

（2）过于客观地对待生活，结果没有时间去体会感情。当他们的情感被忽视或没有表达出来时，他们非常敏感。

（3）会因为一些小事而大发雷霆，而这种爆发会伤害到与他们亲近的人，要提高个人自知力。

（4）过于自信，认为自己非常有经验、有能力；应该客观看待自己。

实训点评

在参与了测评后，我们可以得知自己的人格类型，可以更好地了解自己的个性特点、行为模式和偏好；更清楚地了解自己的职业喜好和适应度，并在职业选择、发展规划和工作环境匹配方面做出更明智的决策。在工作中，了解团队成员的人格类型，我们就可以帮助团队成员更好地理解彼此的差异和相似之处，提高团队协作效率和凝聚力；同时，在团队中根据不同的人格类型进行角色分配和任务安排,以充分发挥每个成员的优势,提高团队整体绩效。

需要注意的是,MBTI职业性格测试结果并不是人格的全部和决定性因素,它只是一种参考工具。人格是复杂多维的,受到多种因素的影响。因此,我们应以开放的心态对待测试结果,结合其他因素对自己进行综合分析和理解。

拓展练习

练习一　给己画像

练习目的

学生通过填写个人资料、教育背景、休闲爱好等信息,帮助个人深入了解自己的兴趣和偏好等情况,塑造个人的身份和职业发展,有助于个人规划自己的未来。

练习步骤

1. 个人资料

姓名_____年龄____城市_____地址_____

2. 教育背景:迄今为止的学习经历

_____
_____
_____
_____
_____

3. 休闲爱好:嗜好、社团、运动等(包括从中学到大学的技能)

_____
_____

4. 童年兴趣：曾经有过兴趣、向往过、现在还感兴趣的事物

5. 重要他人

父亲_____ 职业_____ 对你的影响_____

母亲_____ 职业_____ 对你的影响_____

他人_____ 职业_____ 对你的影响_____

6. 重要经历
什么事或什么人影响你对职业生涯的思考？怎样影响的？

_____

_____

_____

_____

7. 工作经验

从最近的工作经验往前写,包含时间、地点、职责、成就等(含兼职经历)。

_____

_____

_____

_____

_____

_____

8. 生活角色

你现在的生活角色有哪些?理想的生活角色是哪些?请填写在相应饼图中。对照现实饼图(图1-1)和理想饼图(图1-2),看看是什么因素妨碍着个人理想的实现,或者准备做什么可以让理想尽可能实现。

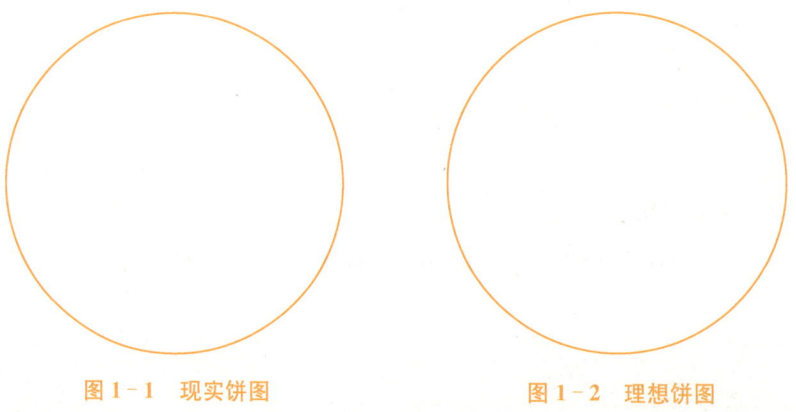

图1-1 现实饼图　　　　　　　　图1-2 理想饼图

感悟：_____
_____
_____
_____
_____
_____
_____
_____
_____
_____
_____
_____
_____
_____

练习二　天生我才

练习目的

通过自我反思、正面肯定和小组分享的方式，促进个人自尊水平、自我认识水平、情感智能、沟通技能和团队合作能力的提升。

练习步骤

第一步：请同学们完成下列练习。

(1) 我最欣赏的自己的外貌部分是_____

(2) 我最欣赏的自己的性格是_____

(3) 我最欣赏的自己对家人的态度是_____

(4) 我最欣赏的自己对朋友的态度是_____

(5) 我最欣赏的自己对学习的态度是_____

(6) 我最欣赏的自己对做事的态度是_____

(7) 我最欣赏的自己的一件往事是_____

第二步：小组分享。在同学中交流自己所写的内容，讲完一项后，再开始下一项。通过自我分析和聆听他人，发掘自己与他人的优点，学习自我欣赏、自我肯定、自我接纳，增强自信和对他人的信任。

分享后的心得：_____

_____
_____
_____
_____
_____
_____

练习三　梦想启航

练习目的

学生通过对不同职业或人生的分析与对比，更清晰地认识自己倾向于选择的职业或人生，从而做出更合理的未来规划。

练习步骤

第一步：放下所有的顾虑，发挥你的想象，写下 5—8 种你认为截然不同的职业或人生。

如：职业或人生　　　　吸引原因

教师　　　　　　　　稳定、假期、社会地位

马斯克　　　　　　　财富、独立、影响力

职业或人生　　　　　吸引原因

(1) _____

(2) _____

(3) _____

(4) _____

(5) _____

(6) _____

(7) _____

(8) _____

第二步：看看这些职业是否可以分类，有哪些共同特点，为什么会吸引你？

我感兴趣的职业特质是：_____

> 案例研讨

案例一　小明的觉醒：内心之光引领命运

小明出身于书香门第，家长的期望像一盏明灯，照亮了他通往名校的道路。终于，辛勤的耕耘结出硕果，他以优异的成绩踏入了梦寐以求的大学殿堂。父母的寄语简单而朴素："大学里，只需专心学业。"

然而，小明很快发现，大学生活远不止课本和实验，大学是一个丰富多彩的小社会。他看到有的同学在电竞世界驰骋，一边享受游戏带来的乐趣，一边赚取金币；有的沉浸在甜蜜的爱河，课余时间在咖啡馆里低声细语；还有的穿梭于各种社团和实习工作之间，视大学为创业和职业发展的跳板。小明的信念开始动摇，他意识到，大学生活的内容远远大于专业学习。

在一次社会实践中，小明来到了偏远的山村，那里的孩子们渴望知识的眼神深深触动了他。这段经历唤醒了他内心对教育的激情，他渴望成为那个引领他人命运之舟的人。

　　小明开始有目的地充实自己，参加教育培训，踊跃报名参加公益活动，增强自己的教学能力。在一次沙龙中，他被一篇关于自我成长的文章深深打动，它讲述了一个弱小青年和一个历经沧桑的老者的故事，揭示了人内在潜力的无限可能。文章如一面镜子，让小明审视自己，他发现自己曾追求的是表面的成功和快乐，忽略了内心真正的渴望。

　　于是，他开始探索自己的内心世界，找寻真正的价值和使命。他不再受限于他人的定义，而是追求内心的满足和意义。在这种真诚的追求下，他的教育理念也日渐成熟。

　　经过数年的努力，小明终于成为一名教育工作者，用知识点亮了无数孩子的未来，实现了自我价值。他的故事，不仅改变了自己，也启发了周围的人，鼓励他们追求自己的梦想，积极面对挑战。

　　父母见证了小明的转变，他们的欣慰之情溢于言表。他们意识到，成就一个孩子，不仅仅是培养他进入一所优秀的大学，更关键的是帮助他找到人生的价值和使命。他们支持小明继续他的教育之旅，追寻他的理想。小明的生活，因为这场意料之外的转变，变得丰富而深刻，他的教室里不再只有课本的智慧，还有生活的哲理和内心的光芒。

思考题：

1. 小明最初是如何界定"成功"的，他是如何改变自我认知的？

_____
_____
_____

2. 是什么具体的瞬间或事件使小明意识到他真正的价值和使命所在？这次觉醒对他的生活产生了哪些具体的改变？

_____
_____
_____

思考题答案

3. 小明的教育理念是如何随着自己经历的丰富和自我探索而成熟的？他在教学实践中是如何将这些理念付诸实施的？

_____

_____

_____

_____

案例二　探索之旅：寻找自我职业的奇妙发现

李婷，一个在大都市生活的年轻职场人。李婷毕业后一直忙于工作，但逐渐感到缺乏成就感和满足感。她决定进行一次自我认知的探索，寻找她真正感兴趣的事业。

李婷开始通过参加各种活动来发掘自己的兴趣。她尝试参加绘画课程，发现自己对艺术创作有着极大的热情和天赋。她还参加了社区服务活动，发现帮助他人是一件令她内心愉悦的事情。

随后，李婷参加了一个个人发展工作坊，她接受了一系列的评估和反思，深入了解自己的个性特点、价值观和动机。她发现自己是一个富有创造力、善于合作和追求个人成长的人。

在自我认知的过程中，李婷开始思考自己的职业目标。她意识到自己渴望在工作中发挥创造力，与团队合作，并对社会产生积极影响。她开始考虑从事与艺术和社区服务相关的职业。

思考题：

1. 通过自我认知，李婷发现自己对艺术和社区服务有着浓厚的兴趣。你认为她如何将这两个兴趣结合起来，创造一个独特而有意义的职业道路？

_____

_____

2. 在李婷的个人发展过程中,她发现自己富有创造力、善于合作和追求个人成长的特质。你认为这些特质将如何帮助她在职业生涯中取得成功?

3. 李婷的故事强调了自我认知对职业发展的重要性。你认为自我认知为什么对我们找到真正适合自己的职业道路至关重要?你在自我认知过程中有什么经验或观点可以分享吗?

思考题答案

案例三　探索绿色未来:杰克的环境科学之旅

杰克是一个年轻的大学生,他对未来的职业选择感到困惑。他喜欢探索新事物和解决问题,同时对环境保护和可持续发展抱有浓厚的兴趣。然而,他并不确定如何将这些兴趣与职业发展相结合。为了寻找答案,他决定参加一次志愿者活动。

杰克报名参加了一次为期两周的海滩清洁志愿者活动。在这个过程中，他与其他志愿者一起清理沙滩上的垃圾，并参与了环境保护教育活动。他发现自己喜爱这个任务，不仅因为能够改善环境，还因为能够与志同道合的人一起工作。

在活动期间，他结识了一位志愿者导师，名叫艾米。艾米是一位经验丰富的环保活动组织者，她与杰克分享了她的职业经历和对环境保护的热爱。她告诉杰克，他可以考虑从事环境科学领域的工作，以解决环境问题并推动可持续发展。

杰克受到艾米的启发，进一步在环境科学领域做学术研究。他发现这个领域涵盖了许多方面，如气候变化研究、资源管理、环境政策制定等。他意识到，通过学习环境科学知识并将其与解决问题的热情相结合，他可以成为一个为环境做出积极贡献的专业人士。

思考题：

1. 杰克是如何通过参加志愿者活动发现自己的兴趣和职业方向的？

_____
_____
_____
_____

2. 杰克如何受到志愿者导师艾米的启发而探索环境科学领域的？

_____
_____
_____
_____

思考题答案

3. 自我认知在杰克的案例中扮演了什么角色？他是如何了解自己的兴趣和能力的？

_____

_____

_____

_____

实用工具

工具一　读研自我效能问卷

填写读研自我效能问卷(表1-4)可以让学生了解自身是否具备读研所需的能力与素养,从而为是否选择读研提供一定的参考依据。

具体方法:想象自己处在以下情境中,你认为自己能够处理或解决这些问题、达到相应要求的能力水平如何?请在所选定的等级上画√。1表示"几乎做不到";2表示"勉强能做到";3表示"能做到";4表示"能做得比较好";5表示"能做得非常好"。

表1-4　读研自我效能问卷

场景问题	评价等级(分数)				
	1	2	3	4	5
1. 我能独立地确定自己的学习目标,并克服学习过程中遇到的各种困难					
2. 我能有效地查询图书馆资料及网上资料,以收集相关的有价值的文献资料					
3. 我能够运用自己的已有知识,独立进行思考,学思结合,形成自己独到见解					
4. 我能将收集到的资料进行有序整理,抽象概括,建立概念					
5. 我能用已有的理论结果探究并说明客观事物的内在联系和发展规律					

续 表

场 景 问 题	评价等级(分数)				
	1	2	3	4	5
6. 我有较高的文字修养及论文写作水平					
7. 我能够阅读外文资料,并相应地用外文简要表达自己的见解					
8. 我能尽可能地多看书,看各类书籍,并能将各类知识融合					

评分等级:请将各情景问题所填写的评价等级相加,算出读研自我效能评价总分。8—16分表示缺乏读研自我效能,17—31分表示具有一定的读研自我效能,32—40分表示具有较高的读研自我效能。

自我效能评价总分:_____

自我效能只是读研所需要具备的要素之一,我们应根据自身的评价等级,认真思考自己是否具备读研所需的学习能力。如果要选择读研,自己还需要从哪些方面进行提升?

思考:_____

_____

_____

_____

_____

_____

_____

工具二　就业自我效能问卷

填写就业自我效能问卷(表1-5)可以让学生了解自身是否具备就业所需的职场工作应对能力,从而为是否选择就业提供一定的参考依据。

具体方法:想象自己处在以下工作情境中,你认为自己能够处理或解决这些问题、达到相应要求的能力水平如何?请在所选定的等级上画√。1表示"几乎做不到";2表示"勉强能做到";3表示"能做到";4表示"能做得比较好";5表示"能做得非常好"。

《大学生职业发展与就业指导课程教学要求》

表1-5　就业自我效能问卷

场景问题	评价等级(分数)				
	1	2	3	4	5
1. 我能友善地与他人相处,发挥团队合作精神					
2. 工作中,我无法与领导进行有效沟通					
3. 我能洞察所在岗位的工作程序中存在的问题,并提出革新的方案					
4. 工作中,我能在宏观上把握政策或规律,在微观上,有效地调节工作目标和工作方式					
5. 我能主动收集各方面信息,且与其他成员共享信息,以便为决策者提供参考					
6. 工作中,我能确切记录本部门开展的各项工作或活动,及时掌握最新信息					
7. 在工作中,我能根据所在部门的性质与特点,制订工作计划及安排重点工作					
8. 我能有效分配本部门中的各项资源(如:人力、物力、财力),做到"知人善任""统筹安排"					
9. 面对紧急事件,我能及时采取有效恰当的行动					

评分等级:请将各情景问题所填写的评价等级相加,算出就业自我效能评价总分。其中9—18分表示缺乏就业自我效能,19—35分表示具有一

定的就业自我效能,36—45分表示具有较高的就业自我效能。

自我效能评价总分：_____

自我效能只是就业所需要具备的要素之一,根据自身的评价等级,认真思考自己是否具备应对职场各类问题所需的能力。如果要选择就业,自己还需要从哪些方面进行提升?

思考：

_____

_____

_____

_____

_____

第二章
职业探索

知识结构图

　　职业探索是学生职业生涯规划的重要前提。本部分展示了职业的含义、特征、分类等重点内容的理论框架，通过对这些知识的理解和学习，学生可以掌握职业环境分析的方法和职业信息获取的途径等；同时，借助下文提供的实训等，了解心仪职业的具体要求以及所面临的职业环境，从而为科学决策提供依据，也为顺利就业做好准备。

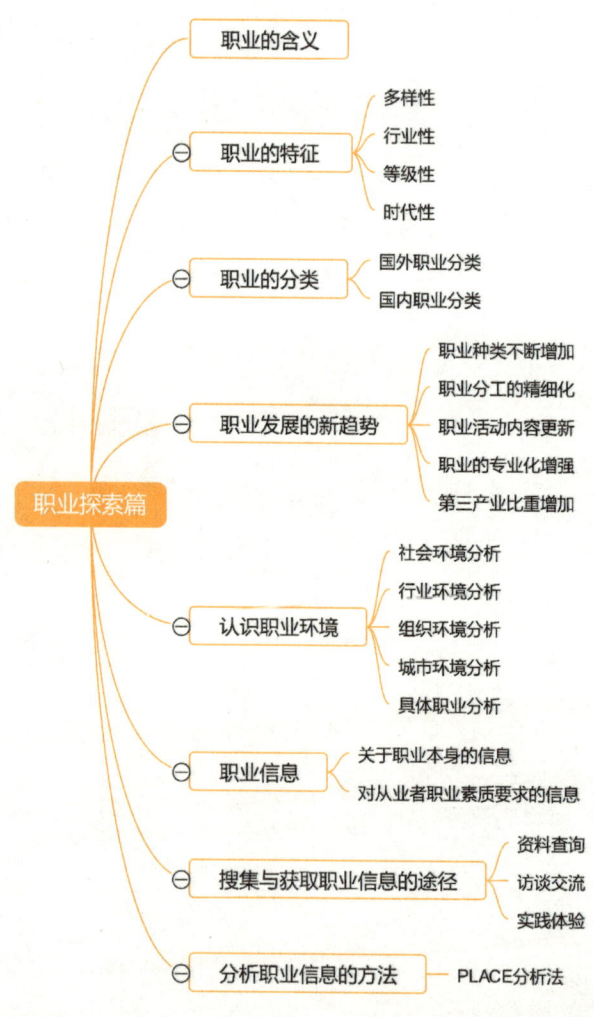

课堂实训

活动一　心仪职业探索

实训简介

学生根据个人兴趣选择心仪职业,对目标企业、目标就业地域以及目标岗位的相关信息进行搜索和整理。

实训目标

学生通过实训了解所选择职业的行业动态,明确职业要求,做出合理的就业选择。

实训步骤

第一步：目标企业探索(表2-1)。

表2-1　目标企业探索表

企业内部信息	企业外部信息
企业基本概况 ① 发展历程 ② 所属行业/发展阶段/发展前景 ③ 业务范围 ④ 企业文化 ⑤ 组织结构 **人力资源概况** ① 员工招聘标准 ② 薪酬福利 ③ 培训计划及员工职业发展 ④ 绩效考核 ⑤ 工作环境	**企业客户信息** ① 客户类型 ② 客户规模 **企业竞争对手信息** ① 对手类型及主要竞争产品 ② 对手规模 **公众形象与社会评价** ① 媒体报道 ② 公众印象 **政府政策(对该行业/对该公司)** ① 政府扶持政策 ② 政府限制政策

第二步：目标就业地域探索。

根据表2-2，搜寻自己心仪的职业地域等，完成一份目标就业地域探索简表。

表2-2 目标就业地域探索表

探索维度	具 体 状 况
政策支持	
经济发展	
城市文化	
拥有资源	
居民生活	
其他内容	

第三步：目标岗位探索。

根据表2-3的指引，搜集信息并填写自己的目标岗位职位说明书，从而了解该岗位的工作职责、权力、工作协作关系和任职资格等相关信息（表中部分项目可选择填写）。

表2-3 目标岗位职位说明书

岗位名称		岗位编号	
所在部门		岗位定员	
直接上级		工资等级	
直接下级		薪酬类型	

续 表

所辖人员		岗位分析日期	
本职：			
职责与工作任务：			
职责一	职责表述：		
	工作任务		
职责二	职责表述：		
	工作任务		
职责三	职责表述：		
	工作任务		
职责四	职责表述：		
	工作任务		

续　表

	职责表述：	
职责五	工作任务	

	职责表述：	
职责六	工作任务	

	职责表述：	
职责七	工作任务	

	职责表述：	
职责八	工作任务	

权力：

续 表

工作协作关系：	
内部协调关系	
外部协调关系	
任职资格：	
教育水平	
专业	
培训经历	
经验	
知识	
技能技巧	
个人素质	
其他：	
使用工具/设备	

续 表

工作环境	
工作时间特征	
所需记录文档	
考核指标：	
备注：	

实训点评

分析发现：行业不同、区域不同、岗位不同，都会影响个人的就业选择，选择自己心仪的职业应该综合分析行业情况、区域情况和岗位情况，在行业、地域和岗位上做好权衡，通常情况下，很难三方面都符合自己的心理预期。

活动二　职业探索活动

实训简介

学生结合自己的兴趣和专业特长，思考自己感兴趣的和自己专业对口的职业。

实训目标

学生通过活动，可以探索与自己兴趣和专业相关的职业，明确自己适合的职业方向和可以选择的职业。

实训步骤

第一步：通过头脑风暴法列举出与你感兴趣的商品（如电脑）相关的尽可能多的职业。

(1) _____

(2) _____

(3) _____

(4) _____

(5) _____

第二步：运用在职业规划与职业发展教材中所学习的知识，找出与自己所在专业对口的职业或者相关的职业。

(1) 对口职业 _____

(2) 对口职业 _____

(3) 对口职业 _____

(4) 相关职业 _____

(5) 相关职业 _____

(6) 相关职业 _____

实训点评

通过实训，我们可以发现，如果自己的专业与自己的兴趣完美重合，是最好的结果。但是，兴趣相关的职业与专业对口的职业很少相似，求职者需要做出权衡。

活动三　职业环境分析

实训简介

职业环境分析是指对影响职业发展的各种外部因素进行系统调查和评估，职业环境分析的内容主要有五个方面：社会、行业、城市、企业和具体职业。

实训目标

通过实训，我们可以学会正确分析自己所处的职业环境，从而更好地预测该职业的未来发展和就业前景，并在规划自己的职业生涯时做出更明智的决策。

实训步骤

第一步：进行职业环境分析（表2-4）。

表 2-4 职业环境分析

1. 社会环境分析	
经济发展	
国家政策	
就业形势	
社会需求	
2. 行业环境分析	
行业发展状况	
行业发展趋势	
国家针对行业发展的相关政策	
3. 城市环境分析	
目标城市	
发展前景	
文化特点	
气候水土	
人际关系	
4. 企业环境分析	
经济实力	
企业管理制度	
组织文化	
5. 具体职业分析	
职业名称	

续 表

职业要求	
工作内容	
工作环境	
收入与福利	

第二步：职业环境分析小结。

_____
_____
_____
_____

实训点评

通过职业环境分析，学生可以对自己所面对的环境形成一个清晰明确的认知，便于指导自己的选择和决策。

拓展练习

练习一　职业生涯人物访谈

练习目的

进行职业生涯人物访谈是深入了解特定职业细节的最直接手段之一，学生通过与自己感兴趣的领域内相关专业人士对话，迅速获取关于职业和职位的信息；确定了潜在职业方向后，职业人物访谈可以与其他信息搜集策略相结合，以便全面掌握目标职业的相关知识。

练习步骤

1. 前期准备

访谈前要做好充分的准备工作。准备工作包括两个方面：首先，了解自己。了解自己是进行信息访谈的必要前提,对自己的了解越透彻,在访谈时就越有可能找到问题的答案;其次,列出你所感兴趣的组织和可访谈人物。

2. 生涯人物访谈预约

进行生涯人物访谈预约,我们要注意以下三个方面:

访谈前联系访谈人,做自我介绍并说明意图。在介绍中要注意告诉对方你是如何获得其联系方式的。

预约中要指出此次访谈中,你感兴趣的工作类型、原因及访谈时间(通常20到30分钟)。倘若访谈人不方便会见你,可以尝试请求其推荐一位与他所做工作相似的人。

如果预约成功,则要确认访谈的时间和地点;如果不能见面,就表示遗憾;如果得到了被推荐人的名字,则要表示感激。

3. 开展生涯人物访谈

在这里,我们提供了在进行生涯人物访谈中可能用到的一些问题,在进行人物访谈时可以结合实际情况和自身需要选择相应问题。

(1) 以往工作经历是怎样的?

(2) 每天工作内容大致是什么?

(3) 工作领域的"职业生涯通道"是什么?

(4) 本职业对人的素质有什么要求,所需的基本技能是什么?

(5) 在本领域工作可以学到哪些方面的知识?

(6) 工作中经常碰到的问题有哪些,如何处理呢?

(7) 工作中自主决策的程度如何?

(8) 本领域的发展机会如何?

(9) 有哪些潜在的不利因素会影响本领域的工作?

(10) 本领域的工作受科技进步的影响程度如何?

(11) 未来该工作的发展前景如何?

(12) 您认为本工作哪些部分最让您感到满意,哪些工作挑战性强?

(13) 本领域初级职位和略高级别职位的薪水是多少?

(14) 需要的特别知识、技能和经验有哪些?

(15) 需要什么样的教育或培训背景?

(16) 新员工入职需要接受哪些方面的培训?

(17) 对于一个即将进入该领域的人,您能否提一些建议呢?

(18) 还有哪些渠道可以帮我了解该领域的工作情况?

(19) 能否推荐一下您的朋友或同事作为我下次访谈的对象?

(20) 根据我的情况,您认为我在做出最终决定之前还应在哪些知识、技能方面进行学习,在哪些领域进行调研?

4. 注意事项

(1) 访谈问题不宜太多,一般 5—10 个即可。

(2) 问题一定要简洁,不要浪费他人时间,并且按约定的时间结束访谈。

(3) 给访谈对象留出提供其他信息的机会。

练习二　霍兰德兴趣小岛

练习目的

学生通过以下练习,可以明确自己的职业兴趣属于六种职业类型中的哪一类,从而对自己有一个清晰的了解,使职业选择合理化。

练习步骤

假设你有七天的假期到海岛旅游,不用考虑费用问题,只是按照你的想法选择,你愿意去下面哪个小岛?

A 岛——"美丽浪漫岛"。岛上到处是美术馆、音乐厅,弥漫着浓厚的艺术文化气息。岛民们保留着传统的舞蹈、音乐与绘画天赋。许多文艺界人士常常来这里开派对寻求灵感。

C 岛——"现代井然岛"。岛上处处耸立着的现代建筑,这是一个进步的、呈都市形态的岛屿,岛上的户政、地政及金融管理都十分完善。岛民们个性冷静保守,处事有条不紊,善于组织规划。

E 岛——"显赫富庶岛"。岛上经济高度发展,高级饭店、俱乐部、高尔夫球场随处可见。岛民们性格热情豪爽,善于经营企业和从事贸易活动。

岛上往来者多是企业家、经理人、政治家、律师等。这些人在岛上享受着高品质生活。

I岛——"深思冥想岛"。岛上平畴绿野,人少僻静,特别适合夜观星象。岛上有很多天文馆、科技博物馆、科学图书馆。岛民们最喜欢待在自己的小房子里,钻研学问,沉思冥想,探究真知。哲学家、科学家和心理学家们常常在这里聚会,讨论学术,交流思想。

R岛——"自然原始岛"。这是个自然生态优良的绿色之岛。岛上不仅保留有热带雨林等原始生态系统,而且建立了规模较大的植物园、动物园、水族馆。岛民们以手工制造见长,他们自己种植花果,栽培蔬菜,修缮房屋,打造器物,制作工具。

S岛——"温暖友善岛"。岛民们都性情温和,乐于助人,人际关系十分友善。大家互助合作,重视教育后代。每个社区都能自成一个密切互动的服务网络,处处充满着人文关怀气息。

1. 回答

(1) 你第一会选择哪个岛＿＿＿＿＿＿＿＿＿＿＿＿＿＿＿＿

(2) 你第二会选择哪个岛＿＿＿＿＿＿＿＿＿＿＿＿＿＿＿＿

(3) 你第三会选择哪个岛＿＿＿＿＿＿＿＿＿＿＿＿＿＿＿＿

(4) 你最不愿意选择哪个岛＿＿＿＿＿＿＿＿＿＿＿＿＿＿

2. 说明

(1) 这六个小岛分别代表了霍兰德的六种职业类型,这六种职业类型两两相对,其对应关系如下：

A岛—艺术型(Artistic)　　　VS　C岛—常规型(Conventional)

E岛—企业型(Enterprising)　VS　I岛—研究型(Investigative)

R岛—实用型(Realistic)　　　VS　S岛—社会型(Social)

(2) 问题一的答案是你最显著的职业性格特征、最喜欢的活动类型以及最喜欢(很可能是最适合)的职业范围。

(3) 每一种类型的职业兴趣解释如下：

艺术型(A)：属于理想主义者,具有独创的思维方式和丰富的想象力,直觉强烈，感情丰富。喜欢活动：喜欢创造和自我表达类型的活动，如唱歌、绘画、写作。喜欢职业：喜欢"非精细管理的创意"类和创造类的职业。如音乐家、作曲家、乐队指挥、美术家、漫画家、作家、诗人、舞蹈家、演员、戏剧导演、广告设计师、室内装潢设计师。

常规型（C）：追求秩序感，自我抑制，顺从，防卫心理强，追求实际，回避创造性活动。喜欢活动：喜欢固定的、有秩序的活动，如组织和处理数据。愿意在一个大的机构中处于从属地位，并希望确切知道工作的要求和标准。喜欢职业：总体来讲，喜欢有清楚的规范和要求的、按部就班、精打细算、追求效率的职业。如税务专家、会计师、银行出纳、行政助理、秘书、档案文书、计算机操作员。

企业型（E）：为人乐观，喜欢冒险，行事冲动，对自己充满自信，精力旺盛，喜好发表意见和见解。喜欢活动：喜欢领导和影响别人，或为达到个人或组织的目的而说服别人，成就一番事业。喜欢职业：总体来讲，喜欢那种需要运用领导能力、人际能力、说服能力来达成组织目标的职业。如商业管理者、市场或销售经理、营销人员、采购员、投资商、电视制片人、保险代理、公关人员、律师。

研究型（I）：自主独立，好奇心强烈，敏感，并且慎重，重视分析与内省，爱好抽象推理等智力活动。喜欢活动：喜欢独立的活动，比如独自去探索、研究、理解、思考那些需要严谨分析的抽象问题，独自处理一些信息、观点及理论。喜欢职业：总体来讲，喜欢以观察、学习、探索、分析、评估或解决问题为主要内容的职业。如实验室工作人员、物理学家、化学家、生物学家、工程师、程序设计员、社会学家。

实用型（R）：个性平和稳重，看重物质，追求实际效果，喜欢实际动手进行操作实践。喜欢活动：愿意从事事务性活动，如户外劳作或操作机器，不喜欢待在办公室里。喜欢职业：总体来讲，喜欢与户外、动植物、实物、工具、机器打交道的职业。如农业、林业、渔业、制造业、机械业、技术贸易业等领域的职业。

社会型（S）：洞察力强，乐于助人，善于合作，重视友谊，热情关心他人的幸福，有强烈的社会责任感，总是关心自己的工作能对他人及社会做多大贡献。喜欢活动：喜欢与别人合作的活动，帮助别人解决困难。喜欢职业：总体来讲，喜欢帮助、支持、教导类职业。如牧师、心理咨询员、社会工作者、教师、辅导员、医护人员。

练习三　职业价值观探索

练习目的

学生通过练习可以对自己的职业价值观有清晰的认知，为自己选择职业和制定职业规划提供一个方向。

练习步骤

第一步：每个人在职业或工作中追求的、重视的东西不同。现在暂且不考虑具体的职业或工作是什么，请在下面的15项职业价值观中选出五条你认为最重要的，并按照递减顺序填写到下面的方框中。

(1) 声望：受到大家的尊重与礼遇。

(2) 独立：能够自己做决定。

(3) 助人：能够协助或教导别人。

(4) 变化：工作的内容不单调，有变化，有挑战，须创新。

(5) 领导：工作时能够领导、指挥、监督他人，分配工作。

(6) 兴趣：符合自己的喜好。

(7) 待遇：薪水高、利润多。

(8) 休闲：自己拥有较长的休闲时间或者可以自由安排时间。

(9) 福利：工作的地方能够提供良好的福利。

(10) 前景：这个职业将来会有很好的发展。

(11) 安定：收入稳定，不受环境等影响。

(12) 升迁：有明确的升迁制度和机会。

(13) 意义：有意义，对人、社会或世界的贡献比较大。

(14) 环境：工作环境舒适。

(15) 人际：同事修养好，人际关系和谐。

第二步：请同学们两两组合，谈谈自己最想从职业或工作中获得的是什么？或者说对职业或工作最重视的是哪些因素？

_____
_____
_____
_____
_____
_____
_____
_____

第三步：如果不得不放弃其中的一条，你会选择放弃哪一项？_____

请你再放弃一次，思考后做出选择_____

请再放弃一项_____

迫不得已,你还得放弃一项_____

现在,你剩下的最后一项是_____

第四步:请思考,也可和同学交流,你为什么留下那一项?这个活动是否有助于你了解自己的职业价值观?职业价值观会对职业选择和人生产生什么样的影响?其他人的职业价值观会对你的生活造成什么样的影响?

_____
_____
_____
_____

案例研讨

案例一 相同的起跑线,截然不同的职业轨迹[①]

小李和小王是同班同学,论专业成绩,二人不相上下。小李平时沉默寡言,不喜欢参加集体活动,只愿意埋头苦学;而小王是班上的活跃分子,喜欢与人交流,积极参与各种社团活动和比赛,展现自己的才能。他们的性格差异也导致了他们对未来的职业选择有不同的看法。

在一次毕业生供需见面会上,他俩同时被两家公司看中。其中A单位是一家规模大、地处市内、福利待遇相对较好的公司,主要从事金融服务业务;B单位是一家规模小、地处市郊、待遇一般但具有发展活力的公司,主要从事互联网创新业务。小李认为,A公司名气大,地理环境好,工资有保障,能够给自己提供一个稳定和舒适的工作环境,于是毫不犹豫地选择了A公司;而小王认为,人在哪里工作不太重要,关键是要有施展才华和实现人生价值的空间,B公司虽然条件不太理想,但却有很多新颖和有趣的项目,能

[①] 任晓剑,杨东,李兵.大学生职业规划与就业指导[M].北京:国家行政学院出版社,2019.

够激发自己的创造力和潜能，于是小王选择了B公司。

后来在工作中，由于小李所在的公司人才济济，竞争压力很大，他只能干一些与专业毫无关系的杂活，比如打印文件、整理资料、接听电话，重要的工作基本插不上手。再加上小李不善言谈，缺乏与人沟通和交流的能力，经常被领导和同事忽视或误解，因此非常郁闷，工作时总是闷闷不乐，给领导和同事留下了很不好的印象。而小王所在的公司人手少，领导又放手让他干，让他负责一个重要的项目。虽然紧张辛苦，但他心情愉快，收获颇丰。他利用自己的专业知识和创新思维，为项目提出了很多有价值的建议和方案，并积极与其他团队成员协作和沟通，赢得了大家的信任和赞赏。不久，因为公司业务不断扩大，需要招聘更多的管理人员。通过公开竞聘，小王凭借自己的优秀表现和能力，顺利地进入了公司的管理岗位。

思考题：

1. 小李在A公司遇到的挑战有哪些？他应该如何改善自己的处境？

_____

_____

_____

2. 小王选择B公司的决定反映出了他的哪些职业价值观？这些职业价值观如何帮助他在职业生涯中取得成功？

_____

_____

_____

思考题答案

3. 根据案例情况，如何理解性格和个人喜好在职业选择和职业发展中的作用？

_____

_____

案例二 职业之路的抉择

在一个小镇上，住着两位年轻人，小明和小华。他们都面临着选择适合自己职业的抉择，但他们的决策方式截然不同。

小明是一位热衷于社会公益的年轻人，他经常参加志愿者活动。他深感自己的使命是为社会做出贡献，于是决定选择从事非营利组织的工作。小明了解到社会公益行业虽然薪酬相对较低，但可以实现自己的价值并影响更多人的生活。他积极寻找相关机会，参加相关培训，并最终进入一家知名公益组织工作。小明在工作中充满激情，每天都能感受到自己的付出带来的正面影响。

与此相反，小华一直追求名利。他觉得只有选择一个高薪职业，才能获得社会的认可和幸福感。小华决定从事金融工作，因为他认为这是一个能够快速赚钱并获得较高社会地位的领域。他将所有精力都放在了追逐金钱上，忽视了自己的兴趣和价值观。尽管他获得了一份高薪工作，但他感到内心空虚。

几年后，小明和小华偶然相遇。小明依然坚守着自己的职业选择，他在公益领域取得了显著的成就，被广泛认可和赞赏。他过着充实而有意义的生活。而小华则变得焦虑和失落，他意识到自己的职业选择并没有带来真正的幸福。他开始思考自己真正的兴趣和价值观，并重新审视职业选择的重要性。

思考题：

1. 为什么选择职业需要考虑个人兴趣和价值观？

2. 如何平衡金钱和幸福感之间的关系?

_____

_____

_____

3. 如何确保所选择的职业与个人的长期发展目标一致?

_____

_____

_____

4. 为什么从事对社会有积极影响的职业能给个人带来更多的满足感?

_____

_____

_____

思考题答案

案例三　当迷茫遇见悟透:寻找职业真我的旅程

　　杰克是个年轻人,对未来充满了憧憬。然而,他在大学毕业后却迷茫了。他无法确定自己应该选择怎样的职业道路,听从身边人的建议,他进入了一家大型金融公司工作,虽然薪水不错,但内心却感到空虚和不满。

　　日复一日,杰克感到自己随波逐流,一味追逐金钱和社会地位。他越来越感到对工作缺乏热情和动力。直到有一天,他偶然听到一句话:"成功不是关于金钱和地位,而是关于幸福和成就感。"

　　这句话深深触动了杰克的内心。他开始重新审视自己的价值观和内心想法。他意识到,金钱和地位并不能给自己带来快乐,真正让他感到满足的是帮助他人。他决定寻找一条与自己的价值观相契合的职业道路。

　　杰克辞去了高薪的金融工作,开始探索自己的兴趣和热情。他参加了社区志愿者活动,发现自己对教育和帮助他人的工作充满热忱。他决定在教育领域追求梦想,并投入时间和精力进行进一步学习和培训。

在他的职业探索过程中,杰克遇到了许多挑战和困难,但他坚持不懈。他参与教育项目,与学生们建立深厚的关系,感受到了自己的影响力。他意识到,他所从事的教育工作能够为社会培养人才,对社会产生积极的影响。

渐渐地,杰克找到了自己真正的人生使命。他通过努力和专注,成为一名优秀的教育工作者。他发现,他的工作不仅给了他满足感和成就感,而且让他享受到了心灵的愉悦和内心的宁静。

思考题:

1. 为什么杰克最初选择了不合适的职业道路?是什么因素影响了他的选择?

_____
_____
_____

2. 是什么让杰克开始重新审视自己的价值观和内心想法?

_____
_____
_____

3. 杰克在职业探索过程中遇到了许多挑战和困难,他是如何克服它们的?

_____
_____
_____

4. 你认为一个人在职业选择中应该更看重金钱和地位,还是追求幸福和成就感？为什么？

_____

_____

_____

5. 你是如何寻找合适的职业道路的？

_____

_____

_____

_____

思考题答案

实用工具

工具一　SWOT 分析法

结合自己所学习的 SWOT 分析法，对自己的学习生活及环境进行研究，撰写一份个人的 SWOT 分析报告（表 2-5、表 2-6）。

表 2-5　SWOT 分析表

	SWOT 分析法	
内部个人因素	优势(S)：	劣势(W)：

续 表

SWOT分析法		
外部环境因素	机会(O):	威胁(T):
总体鉴定		

表 2-6　个人优势与劣势自我测评表

评 估 维 度	评 估 等 级				
	优秀	较好	一般	较差	差
A. 思维和辨识能力					
逻辑思维能力	1	2	3	4	5
综合分析能力	1	2	3	4	5
判断能力	1	2	3	4	5
数据分析能力	1	2	3	4	5
空间思维能力	1	2	3	4	5
B. 知识与能力					
专业知识	1	2	3	4	5
基础知识	1	2	3	4	5

续表

评估维度	评估等级				
	优秀	较好	一般	较差	差
商业知识	1	2	3	4	5
社会知识	1	2	3	4	5
研究开发能力	1	2	3	4	5
实际动手能力	1	2	3	4	5
交际能力	1	2	3	4	5
书面表达能力	1	2	3	4	5
口头表达能力	1	2	3	4	5
团队合作能力	1	2	3	4	5
领导能力	1	2	3	4	5
创新能力	1	2	3	4	5
学习能力	1	2	3	4	5
信息搜集能力	1	2	3	4	5
新技术应用能力	1	2	3	4	5
解决问题能力	1	2	3	4	5
压力管理能力	1	2	3	4	5
自我平衡能力	1	2	3	4	5
C. 学习和工作效率					
学习和办事的条理性或计划性	1	2	3	4	5
时间管理的有效性	1	2	3	4	5
学习和工作效率、效果	1	2	3	4	5
D. 个人发展					
自信	1	2	3	4	5

续表

评估维度	评估等级				
	优秀	较好	一般	较差	差
自律	1	2	3	4	5
自立	1	2	3	4	5
责任	1	2	3	4	5
诚信	1	2	3	4	5
了解自己（优势和劣势）	1	2	3	4	5
渴望继续学习	1	2	3	4	5

完成SWOT分析后请回答下面问题：

1. 在学习和生活中应该如何充分发挥自己的优势？如何进一步发展这些优势？自己的劣势应该如何弥补？

_____
_____
_____
_____
_____

2. 针对就业的压力和威胁，可以做些什么来降低威胁的程度？

_____
_____
_____
_____
_____

工具二　决策平衡单法

思考一下你现在对于哪些事情的决策犹豫不决，尝试用决策平衡单法看看能否解除你心中的犹豫。

在这里我们给出了你可能在决策中需要考虑的影响因素（表2-7），你也可以根据自己的实际情况进行添加，通过使用决策平衡单知晓到底应该如何进行取舍（表2-8）。

表2-7　可能考虑的影响因素

个人物质方面得失	他人物质方面得失	个人精神方面得失	他人精神方面得失
(1) 收入 (2) 工作的难度 (3) 升迁机会 (4) 工作环境的安全 (5) 休闲时间 (6) 生活变化 (7) 健康影响 (8) 就业机会 (9) 其他	(1) 家庭经济 (2) 家庭地位 (3) 与家人相处时间 (4) 其他	(1) 生活方式的改变 (2) 成就感 (3) 自我实现程度 (4) 兴趣满足度 (5) 挑战性 (6) 社会声望 (7) 其他	(1) 父母 (2) 师长 (3) 配偶 (4) 其他

表2-8　决策平衡单

考虑因素	具体因素	权重 (1—5)	项目一		项目二	
			评分	加权得分	评分	加权得分
个人物质方面的得失	因素1					
	因素2					
	因素3					
	因素4					
他人物质方面得失	因素1					
	因素2					

续 表

考 虑 因 素	具体因素	权重 (1—5)	项目一		项目二	
			评分	加权得分	评分	加权得分
他人物质方面得失	因素 3					
	因素 4					
个人精神方面得失	因素 1					
	因素 2					
	因素 3					
	因素 4					
他人精神方面得失	因素 1					
	因素 2					
	因素 3					
	因素 4					
合计总分						

工具三　决策风格探索

1. 确定决策风格

每一个人都有自己的决策风格。在职业决策过程中,不同的职业决策风格往往导致不同的决策结果。职业规划专家丁克里奇将人的决策风格分为八种,而且每一种具有对应的行为特征和优势,如表 2-9 所示。

表 2-9　丁克里奇决策风格分类

决策类型	说　明	行为特征	优　势
冲动型	基于冲动的决策过程,决策时往往选择第一个遇上的方案	不考虑后果,先做了再说	无须花时间找数据

续　表

决策类型	说　明	行为特征	优　势
宿命型	决策者不愿意自己做决定,而是把决定的权力交给命运或别人,认为做什么选择都是一样的	船到桥头自然直,车到山前必有路	不必自己负责,减少冲突
顺从型	自己想做决策,但无法坚持己见,常屈服于权威指示和决定	你说好,我就认为好	维持表面的和谐
延迟型	了解问题的所在,但常常将决策的时间推迟到最后	不着急,还有好多时间	延长决策的时间
直觉型	根据感觉进行决策,而不是理性思考,只考虑自己的感觉而不在乎外在因素	感觉不错,就这么定了	简单省事
瘫痪型	害怕做决策的后果,不愿意承担责任,通过麻痹自己来逃避决策	我知道自己该怎么做,但是我办不到	可以暂时不做决定
烦恼型	选择的项目太多,无法从中取舍,经常处于挣扎的状态,下不了决心	万一错了怎么办	搜集充分完整的信息
计划型	综合考虑自己的内在需求和外部环境要求以做出决策	我命由我不由天	主动积极,面对问题,解决问题

　　描述自己的一些个人经历,并通过这些经历判断自己属于哪一种决策风格类型。

_____

_____

_____

_____

_____

2. 决策风格反思

孩子和火车的故事

设想这样一个场景,在一个地方有两条铁轨,其中一条已经废弃掉,另一条还在继续使用。有一天,一群小朋友相约来到铁轨上玩耍。其中只有一个孩子坚持认为废弃的铁轨是安全的,并选择在上面玩耍,而其余的孩子选择在使用中的铁轨上玩耍。时间过去了十几分钟,这时一列满载乘客的火车迅速朝着玩耍的孩子驶来,而你偶然站在铁轨切换器旁边。由于火车的速度过快,已经无法让火车停下来,你是否会操纵切换器,让火车改道行驶?如果操纵切换器改道,这样做的结果是拯救了在使用中铁轨上玩耍的孩子,但却牺牲了在废弃铁轨上玩耍的孩子。面对这个场景,你将如何抉择?操纵切换器,还是不操纵切换器?请仔细分析形势,结合自己的决策风格给出你深思熟虑后的答案。

_____

_____

_____

_____

第三章
职业规划

知识结构图

科学合理的职业规划是职业成果的重要保障。本部分展示了有关职业生涯规划的基本理论、职业生涯决策以及职业生涯规划制定等重点内容的理论框架,学生通过对理论知识的学习和实训演练,可以了解个体的决策风格,并在自我认知的基础上制定清晰且合理的职业生涯规划实施策略和行动计划。

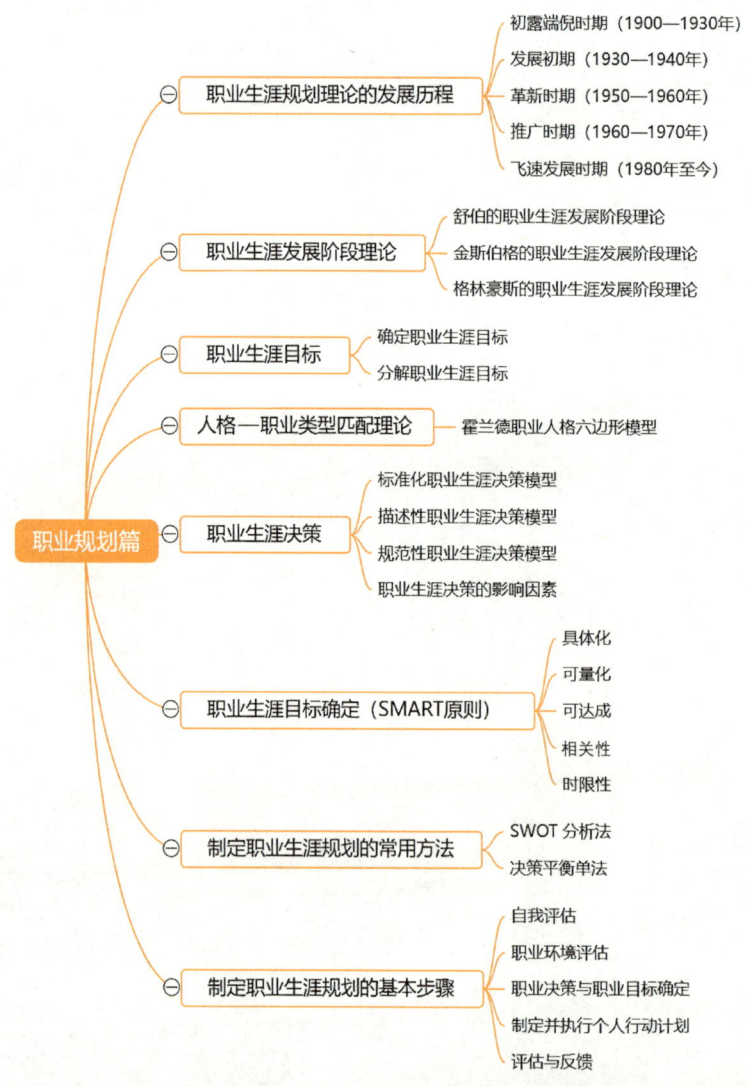

课堂实训

活动一　生涯幻游

实训简介

　　生涯幻游活动是结合音乐,由带领者引导学生去其想象中的未来空间,从而透过幻游空间帮助幻游者了解到自身的期待与价值观,以及渴望的未来。

实训目标

　　通过这种深度的自我探索,学生能够更清晰地认识到自己的期望、价值观,以及职业和生活的愿景。这种幻游体验旨在帮助学生明确自己的职业方向和生活目标,从而为实现这些目标制定更具体的规划和行动步骤。

实训步骤

　　第一步:带领者引导学生去其想象中的未来空间(带领者要读得缓慢而温柔,最好播放温柔的音乐,在标注需要停顿的地方要有停顿)。

　　现在,请尽可能地放松你的身心,在你的位子上调整到你觉得最舒服的姿势,闭上眼睛,放松(停顿),再放松(停顿)。慢慢调整你的呼吸,呼气(停顿)、吸气(停顿)、呼气(停顿)、吸气(停顿)。保持这种平静的状态,接下来,继续放松身体每一部分肌肉,放松(停顿)、放松(停顿)、再放松(停顿)。

　　下面,跟着我说的想。现在你已经乘坐上一架时空穿梭机,来到了五年后的早上。你躺在床上刚刚醒来,此时你是睡到自然醒还是被闹钟吵醒?现在是几点钟?你在哪儿?观察四周,你看到了什么?有没有闻到什么或者听到什么?(停顿)现在,你已经起床了,起床后你要做的第一件事情是什么?(停顿)洗漱完后你是否在家中吃早饭呢?早饭吃的是什么?(停顿)有没有人和你一起吃呢?(停顿)吃完饭后马上就要准备去上班了,你正在考虑要穿什么衣服,你最后决定穿的是什么衣服?(停顿)此刻,你正站在镜子面前打扮自己,当你想到今天的工作时你心情如何?是平静、兴奋、厌倦还是其他?(停顿)现在你准备去上班,出门后回头看看你住的房子,它是什么样子的?

好,现在去上班了。你是乘坐什么交通工具去的单位?有没有人和你一起呢?如果有的话是谁呢?当你走时留心观察周围的一切。单位远不远?(停顿)到达单位了,想象一下单位是什么样子的,它在哪里?看起来怎么样?(停顿)走进你工作的地方,你看到那里都有些什么人?(停顿)他们在做什么?单位的人都是怎么称呼你的?(停顿)你的办公室是什么样子的?接下来你要做什么?(停顿)就这样,你可以想象一下你一上午的工作都做了些什么?在这一上午中,你是做脑力工作还是做一些简单的事务性工作?你跟别人一起工作还是独自工作?是在户外还是室内工作?

现在,上午的工作结束了,该吃午饭了,在哪里吃的饭呢?一起吃饭的还有其他什么人吗?你们都说了些什么呢?(停顿)饭后到工作期间,你做了些什么呢?下午回到工作中来,想象一下下午的工作与上午的工作有什么不同吗?(停顿)都有哪些不同呢?很快,下午的工作也结束了,这一天的工作让你感觉到满足还是沮丧?为什么?(停顿)今天你还想去别的地方吗?(停顿)在这一天当中,你还有没有其他想做的呢?

现在,你回家了,有人欢迎你吗?(停顿)回家的感觉怎么样?(停顿)你有没有与家人分享这一天所做的事呢?(停顿)你准备去睡了。回想这一天,你感觉如何?(停顿)你希望明天也是如此吗?(停顿)你喜欢今天的这种生活吗?

好了,请睁开眼睛,现在你回来了……看看周围的一切,欢迎你幻游归来。喜欢你幻游的生活吗?有没有同学可以分享一下你的幻游经历?

第二步:如果学生不想分享幻游的话可以花些时间思考下列问题。

我五年后典型的一天:

1. 我五年后从事的工作的描述

工作是 _____

工作内容是 _____

工作场所在 _____

工作场所周围的环境 _____

工作场所周边的人群 _____

2. 我五年后的生活形态的描述

婚姻状况：已婚□　未婚□　其他 _____

家中成员有子女 _____ 人

居住场所在 _____

居住场所周围环境 _____

居住场所周围的人群 _____

第三步：请说明下列问题。

我在进行幻游过程中，印象最深刻的画面是 _____

我在进行幻游后，对比现在环境，最大的不同点是 _____

我在进行幻游后，最深的感受是 _____

第四步：我在进行幻游后，我觉得未来的生涯发展会是怎样的？

我认为我未来会从事 _____ 职业。

第五步：我的未来会与幻游过程相关吗？

□是　□不是　□其他

实训点评

每个人参与的感受和结果都不同。通过实训，学生能够更清晰地认识到自己的期望、价值观，以及职业和生活的愿景；明确自己的职业方向和生活目标，从而为实现这些目标制定更具体的规划和行动步骤。

活动二　生涯目标分解

实训简介

确定了职业生涯目标和职业发展路线之后就需要通过具体的实施步骤来促使目标的实现。目标分解是一个衔接长期目标、中期目标和短期目标的有效方法。

实训目标

为了实现职业生涯目标，采取逐步实施的方法是必要的。活动将帮助学生学会有效地将长期目标分解为中期和短期目标,以确保目标的达成。

实训步骤

第一步:请根据你设定的自我职业生涯目标和在课堂上学习的目标分解的知识,制定自己的中期目标和短期目标(表3-1)。

表3-1 目标分解表格

姓名		年龄		年级	
学校		专业		学习	
规划年限		起止时间			
职业生涯阶段目标					
短期目标 (年至 年)		中期目标 (年至 年)		长期目标 (年至 年)	
短期目标规划					
中期目标规划					

续 表

长期目标规划	

第二步：制定了大致的分解目标之后，请根据你的实际情况和SMART原则制定自己的短期目标行动计划（表3-2）。

表3-2 短期目标行动计划

时　　间	实施计划
年　月—　　年　月	
年　月—　　年　月	
年　月—　　年　月	

续 表

时　间	实 施 计 划
年　月—　年　月	
年　月—　年　月	

实训点评

通过实训,学生可以发现,目标分解可以使自己一步一步朝着最终目标前进。目标分解使得目标具有可实现性,并且能够有效地促使自己朝着最终目标奋进。

拓展练习

练习一　人生设计规划表

练习目的

通过设想灰姑娘的生活规划,我们可能会更深入地投入自己的生涯规划中,反思自己的生活和职业规划,进而深入思考个人的愿望、价值观及未来目标,从而更好地成长。

练习步骤

1. 设计灰姑娘的一生

安徒生笔下的灰姑娘经历了从丑小鸭到白天鹅的变化,并最终与王子过上了幸福美满的生活。现在,我们来思考这样一个问题:灰姑娘嫁给王子之后真的就美满幸福了吗?如果灰姑娘仍满意她的婚姻生活,只是不喜欢皇宫生活,那么她将如何规划自己的生活呢?

现在,请根据我们给出的年龄段与灰姑娘的居住环境、社会角色,并结合职业发展的阶段理论来规划灰姑娘的一生,如表 3-3 所示。

表 3-3 灰姑娘的人生规划

年 龄	居住环境与角色	工作与活动	所需技能、态度、人格特质	收入
18—20	居住环境:破旧的房子; 角色:女儿、妹妹			
21—39	居住环境:城堡; 角色:王妃、皇后、母亲			
40—59	居住环境:皇宫、大学; 角色:进修者、母亲			
60 以后	居住环境:都市里的豪华大厦; 角色:工作者、公民			

2. 自己未来的人生设计

根据职业生涯发展的阶段理论并结合自己的人生理想和实际情况,设计自己未来的人生,如表 3-4 所示。

表 3-4 自己未来的人生设计

年龄段	居住环境与角色	工作与活动	所需技能、态度、人格特质	收入
一				

续 表

年龄段	居住环境与角色	工作与活动	所需技能、态度、人格特质	收入
—				
—				
岁以后				

练习二　职业生涯规划表

练习目的

学生通过自我评估、环境与职业分析、职业目标确定分析、职业生涯策略、生涯评估与反馈表格的填写，完整地体验职业生涯规划流程，对如何规划自己的职业生涯有一个更整体的逻辑思路。

练习步骤

结合自己的实际情况，制定自己的职业生涯规划。

1. 自我评估（表3-5）

表3-5　自我评估表

职业规划自测结果	

续 表

自我分析	性格			
	兴趣爱好特长			
	情绪情感状况			
	意志力状况			
	已具备的经验			
	已具备的能力			
	现学专业			
	现有外语、计算机水平			
社会中的自我评估	对你人生发展影响最大的人	称谓	姓名	职业、职务
		父亲		
		母亲		
	他人对你的看法与期望	父母		
		亲戚		
		朋友		
		老师		

2. 环境与职业分析（表3-6）

表 3-6　环境与职业分析表

	人际关系分析	
校园环境对你成才的影响	学校	
	学院（系）	
	专业	

续 表

校园环境对你成才的影响	班级	
	寝室	
描述参加体验的职业状况	人才供需状况与就业形势分析	
	对人才素质的要求	
	对人格特质的要求	
	对知识的要求及学校中哪些课程对从事该项职业有帮助	
	对能力的要求	
	对技能训练的要求	
	对资格证书的要求	
	每天的工作状况(即工作内容、工作伙伴及个人感受)	

续　表

描述参加体验的职业状况	该岗位的收入状况	
	该行业人士对所从事工作有何满意及不满意之处	
	该职业的发展前景	
	建议学校增设哪些课程	
	其他	

3. 职业目标确立分析(表3-7)

表3-7　职业目标确定分析表

描述初步职业理想	职业类型		职业名称		具体岗位	
	职业地域		工作环境		工作时间	
	工作性质		工作待遇		工作伙伴	
	职业发展期望					

续 表

目标SWOT分析	实现目标的优势	
	实现目标的劣势	
	实现目标的机会	
	实现目标的威胁	

4. 职业生涯策略（表3-8）

表3-8 职业生涯策略表

步 骤		目标分解	提高途径和措施	完成标准
大学期间自我规划	大学总体目标			
	第一学期			

续 表

步 骤		目标分解	提高途径和措施	完成标准
大学期间自我规划	寒假			
	第二学期			
	暑假			
	第三学期			
	寒假			
	第四学期			
	暑假			
	第五学期			
	寒假			
	第六学期			
	暑假			
	第七学期			
	寒假			
	第八学期			
大学毕业以后				

5. 生涯评估与反馈(表3-9)

表3-9 生涯评估与反馈表

自我评估	测评	学习成绩排名		素质拓展总分		身体素质状况
		发展性素质测评				
	获奖情况					
	自我规划落实情况					
	经验与教训					
父母评价与建议						
同学、朋友评价与建议						

续 表

教师评价与建议	
成才外因评估	
职业目标修正	
规划步骤、途径及完成标准修正	

练习三　名片探索

练习目的

  这些练习旨在帮助学生深入思考和规划自己的未来职业道路，提高自我意识，增强实现职业目标的实际行动力，并在实践中提升沟通与社交技能。

练习步骤

  1. 想象自己未来在与别人交流时递给别人的名片是什么样子的。

2. 尽可能全面地设计你的名片，包括颜色、图标、称呼和职务等你所期望的内容。

3. 与别人交换名片并告诉别人你这样设计的原因？你该怎样努力才能获得设计的称呼和职务？

4. 评估一下，要实现以上目标需要具备什么优势？可行性有多大？有什么困难？

5. 要克服这些困难,你应该怎样做才能更好地保障目标实现?

_____

_____

_____

_____

案例研讨

案例一　未来从幻游开始

阿方,大四,对自己的未来,感到迷茫。第一次来咨询时,阿方也不清楚最期望解决的是什么问题。他感觉每天上课就是一种煎熬,一直以来,他经常上课睡觉、看小说。以下是咨询师与阿方的对话。

"难道你在大学里,没有一件感觉自豪的事情吗?"

"有,老师一想到找学生帮忙做事,立即就会想到我。我和学院里几个老师关系特别好,经常聊天,他们也经常教育我要好好学习,但是现在……"

"那你希望毕业的时候自己是个什么样子的人？你想找什么样的工作呢?"

"这个……从来没有想过,您问起来让我感觉有些紧张!"

"那我们就做一个练习来看看你的想法。很简单,写一封求职信。在求职信上,写下自己的期望,说明为什么有这样的期望,以及你所具备的知识和能力。"

"现在就写吗?"

"对,现在就写。"

十分钟后,阿方完成了一份简单的求职信。

随后,咨询师与阿方进行招聘角色扮演练习。阿方起初还有些不好意思,但很快就调整好状态:"我期望的工作是进入一家比较知名的专业广告公司,从事平面设计。大学期间,我参加过许多培训,曾在几个做设计的工作室兼职,我还比较关注与媒体、传播相关的知识。虽然我现在对广告的理解还有欠缺,但是我相信我已经具有的学习能力和实践能力,使我足够胜任这份工作。"

"你已经决定毕业后做平面设计吗?"

"其实我之前并没有这样想,只是特别喜欢玩 Photoshop 之类的软件,还动手做过精美图片送给女朋友,她很喜欢。也在朋友开的工作室帮忙。朋友劝我做这一行,我一直没当真。现在这么一说,我感觉我也许真的适合进入这个领域。"

"你能不能再描述一下你未来工作的场景?是在什么样的环境里,和什么样的人在一起,做什么样的事情?"

阿方对自己这次的未来幻游很兴奋,描述得非常具体,讲完后,他说在自己的描绘中感到很欣慰。

咨询师让他在这次咨询结束后,将生涯幻游的内容讲给三位好朋友听,并详细记录下来。因为在生涯目标设定中,如果目标只是停留在头脑中,就会经常游移;而如果把目标告诉别人,或者亲自写下来,就会有更多的投入。

阿方在一星期内完成了"作业",他把想法告诉了自己两个要好的朋友,朋友们都非常赞赏。他还把自己的想法告诉给一位关系较好的老师,没想到老师还给他推荐了几个现在都在从事广告工作的校友。这让阿方很兴奋。

"你计划好实现自己的目标了吗?"

"我计划找那几个校友争取多一些设计类的实践机会;然后再强化学习一下设计方面的知识。"

"那么,你需要为实现目标,做些什么呢?"

他没有马上回答,而是在认真地思考着。

"接下来,你要做的就是把自己的目标,细化成一个个可以衡量的目标。这些目标可以被量化,它的实现,需要时间,需要有人监督,需要努力。"

咨询师还介绍了可以很好地细化目标的方法：SMART方法。把所有的目标都用SMART方法进行衡量，如果符合了相关原则，那么就有助于达成目标了。

思考题：

1. 阿方在咨询过程中提到帮助学院老师处理事务，这在求职中能转化为哪些优势？

_____
_____
_____

2. 阿方对广告行业的兴趣和平面设计技能如何影响他设定自己的职业目标？

_____
_____
_____

3. SMART方法在帮助阿方设定和实现目标中起了什么作用？

_____
_____
_____

思考题答案

案例二　寻找我的舞台

李华是一位大学毕业生，他对未来的职业发展感到迷茫和焦虑。在大学期间，他选择了会计专业，但在实习经历中发现自己对数字和表格缺乏兴趣。他开始质疑自己的选择，不确定何去何从。

有一天，李华参加了一场关于职业规划的讲座，讲座上的演讲者分享了自己的职业经历和职业规划的重要性。李华受到了启发，决定主动探索自己的职业兴趣和潜力。

他开始自我反思，思考自己的兴趣、价值观和技能。他回顾自己的大学生活，回想起曾经参与的志愿者活动和社团工作，发现自己在组织和领导方面有一定的天赋。他也喜欢与人交流，并且享受帮助他人的过程。

李华意识到自己对人际关系和人力资源管理的兴趣，他决定探索这个领域。他开始主动寻找相关的实习机会，并与行业内专业人士进行交流。通过实习，他深入了解了人力资源管理的职责和挑战，发现自己对这个领域充满热情。

李华决心制定一份职业规划，他设定了短期目标和长期目标。短期目标是通过学习和实践，提升自己在人力资源管理领域的技能。他报名参加了一些相关的培训课程，并积极参与校内外的人力资源项目。

李华的长期目标是成为一名优秀的人力资源管理人员，并为组织和员工的发展做出贡献。他制定了具体的行动规划，包括继续学习，积累实践经验，建立人脉关系，等等。

经过一段时间的努力，李华逐渐找到了属于自己的舞台。他的热情和才华在人力资源领域得到了认可，他被一家知名公司聘为人力资源专员。他的工作给他带来了成就感和满足感，他感到自己正在为他人的成长和发展做出积极的贡献。

思考题：

1. 为什么李华在大学期间感到迷茫和焦虑？

_____

_____

_____

_____

2. 为什么职业规划对李华产生了如此大的影响？

3. 李华是如何发现自己对人力资源管理的兴趣的？

4. 为什么自我反思对职业规划起到了关键作用？

5. 李华通过职业规划和行动计划最终找到了适合自己的职业道路，这给我们带来了什么启示？

思考题答案

案例三　职业规划调整

大卫是一位年轻的艺术爱好者，他对绘画和设计有着极大的热情。然而，他从小生活在一个传统的家庭，家人都期望他成为一名医生或律师，走稳定的职业道路。

大卫在父母的影响下，选择了攻读法律学位，进入一家知名律师事务所工作。尽管他在工作中表现出色，但他渐渐感到内心的不满和迷失。他意识到自己并非真正喜欢法律这个行业，他渴望发展自己的艺术天赋。

一天，大卫参加了一场艺术展览，他被展出的绘画作品深深吸引。他意识到，艺术是他真正的追求，而他现在的职业选择并不能满足他内心的渴望。

大卫开始思考职业规划的重要性。他明白，只有找到适合自己的职业道路，才能获得真正的幸福和满足感。他决定重新评估自己的兴趣、价值观和职业目标。

大卫通过参加艺术工作坊、与艺术家交流、进行自我反思等方式，开始规划自己的职业道路。他制订了一份详细的行动计划，包括进修艺术课程、参加艺术展览、建立个人品牌等。

随着时间的推移，大卫逐渐获得了自信，提升了专业技能。他利用社交媒体和展览机会展示自己的作品，吸引了越来越多的关注。

最终，大卫决定辞去律师工作，全身心地投入艺术创作。虽然他面临许多不确定性和挑战，但他明白自己正在追求真正的梦想。

大卫继续在艺术领域努力奋斗，他经历了失败，但他从中吸取了宝贵的经验，并不断调整自己的职业规划。尽管他在艺术领域取得了一些小的成功，但他仍然在追求更大的突破和成就。

他在自我认知和职业探索方面继续深入思考。他参加了职业导师的培训课程，与成功的艺术家进行深入交流，同时积极寻找机会，进一步学习。

大卫意识到职业规划是一个持续的过程，他需要不断地调整自己的目标和计划。尽管未来的道路仍然不确定，但他坚信只要他坚持不懈地追求自己的梦想，就有可能实现自己的职业理想。

正如大卫经历的一切,职业规划并不总是一帆风顺的。有时候我们会遇到挫折和困难,可能需要经历多次的尝试和调整。然而,关键在于我们要对自己的真实需求和热情有正确的认知,并不断努力追求自己的职业理想。

思考题:

1. 职业规划是一项重要的任务,它能帮助我们认识自己的兴趣、价值观和职业目标。你是否认真考虑过职业规划的重要性?是否已经制定了明确的职业目标?

_____

_____

_____

_____

2. 在职业规划中,了解自己的兴趣和价值观对于做出正确的职业选择至关重要。你是否已经深入思考过自己的兴趣和价值观?它们对你的职业选择有何影响?

_____

_____

_____

_____

3. 职业规划是一个持续的过程,需要不断地调整和适应。你是否愿意接受职业规划的挑战?你准备如何应对职业生涯中的变化和困难?

_____

_____

_____

_____

4. 在你的职业规划中,你是否愿意追求自己真正的梦想,而不仅仅是迎合他人的期望和社会的压力?你准备为实现自己的职业梦想做出努力吗?

实用工具

工具一　五步规划法

五步规划法主要是指通过自我提问的五个问题——我是谁、我想干什么、我能干什么、环境允许我干什么、我最终的职业目标是什么进行人生规划的一种方法。

具体步骤为:

1. 我是谁

进行自我反省,反省内容包括自己的性格特征、优势、劣势等,都应一一列出。

综合评价:

优势：

劣势：

2. 我想干什么

认真思考自己的兴趣爱好，并将其写下来。尽管每个人在不同的阶段会有不同的兴趣爱好，但是随着阅历的增长，这些兴趣爱好会逐渐固定下来，并伴随一生。

3. 我能干什么

思考自己的能力和潜力，并将其写在下面。一个人的能力决定着这个人的职业成功与否，而潜力则意味着他的职业发展空间的大小。了解一个人的潜力可以从他对事的兴趣、做事的韧劲、临事的判断以及知识结构和学习能力等方面入手。

4. 环境允许我干什么(提供的机会和面临的威胁是什么)

机会：
_____
_____
_____

威胁：
_____
_____
_____

5. 我最终的职业目标是什么？

确定了前面四个问题之后，请从各个问题中寻找对实现有关职业目标有利或不利的条件，列出不利条件最少的而且自己想做又能做好的职业目标。最后要注意还有哪些职业值得去关注。

_____
_____
_____
_____
_____

工具二　CASVE 循环

CASVE 循环是一种职业生涯规划决策技术，包括沟通、分析、综合、评估和执行五个阶段。请使用 CASVE 循环来分析你即将面临的选择选修课问题或职业决策问题，可以通过参考以下问题来进行。

1. 我是怎样意识到这一需求的？

_____
_____
_____

2. 我该如何分析这个问题及与别人沟通并收集相关信息（包括自己的和别人的解决这个问题的信息）？

3. 我该如何形成解决方案？

4. 我确定的方案评判标准及做出的选择是什么？

5. 我该怎样落实行动？方案的执行可能遇到什么困难呢？

6. 方案执行一段时间后评价一下这个决策过程,我对结果的满意程度如何?如果不满意,哪个环节出现了问题?

_____
_____
_____
_____

7. 分析了自己的决策过程之后,我对自己的决策模式有什么新的发现?有什么经验或教训?

_____
_____
_____
_____
_____

第四章
职业素质提升

知识结构图

　　个体职业素质的提升有利于加快职业目标的实现。本部分展示了职业素质、职业意识和职业能力等重点内容的理论框架,学生通过系统学习,可提高对职业素质、职业意识、职业能力的认识;通过结合后文的课堂实训、拓展练习、案例研讨、实用工具等多元手段,引导学生全面审视自身,提升对自我职业能力的认知,找到适合自己的提升职业能力的途径。

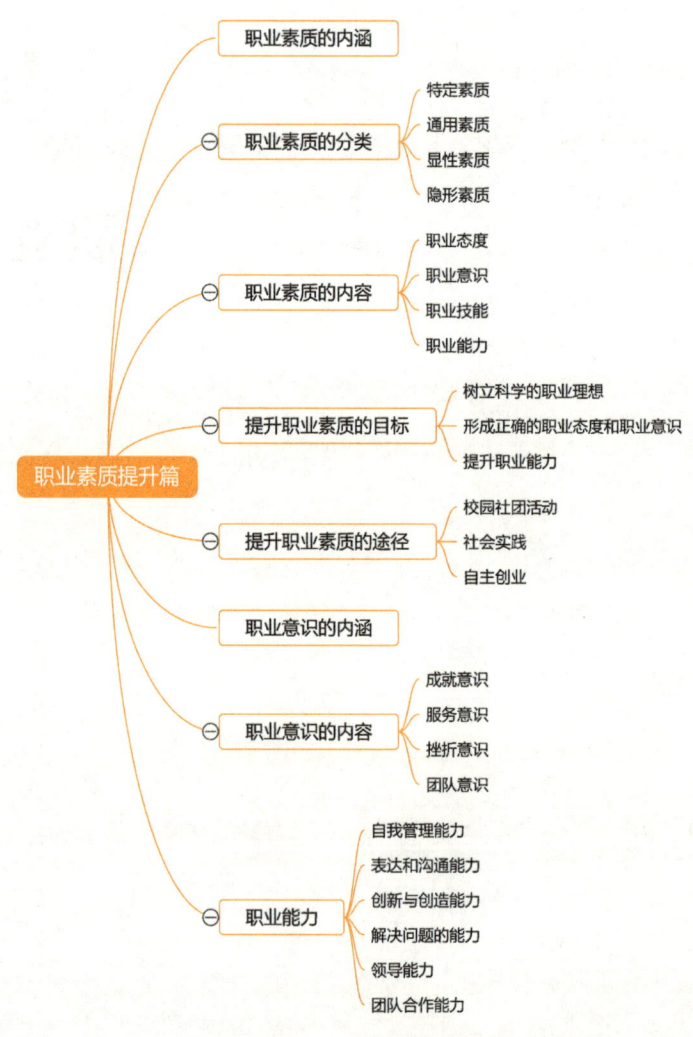

课堂实训

活动一　职业意识讨论

实训简介

学生通过对有关职场意识的简短案例进行讨论,分析如何处理职场的意识冲突。

实训目标

通过讨论实习生在职场的角色和行为,学生可以探索职业行为的标准和期望,以及如何处理职业生涯中的"道德困境"。案例提供了模拟职场冲突的机会,学生可以学习如何在有争议的情况下进行有效的沟通和解决问题。

实训步骤

第一步:材料阅读。

职场意识冲突

在一家艺术公司,每个人都怀揣着对艺术的梦想和热情。小林是这个团队中的一员,他自负地相信自己的创造力和独特性。无论是绘画、雕塑还是摄影,他总是充满激情地投入其中,对艺术世界怀有极大的热爱。

然而,在公司举办的一场大型展览中,小林与团队其他成员形成了鲜明的对比。其他人紧密合作,互相帮助,而小林却一直将自己的创作置于首位,拒绝参与团队负责人安排的其他任务。他认为,艺术的价值在于个人的表达和创新,而不是被琐事困扰。他对展览的组织和布置不闻不问,甚至拒绝参与其中,团队负责人很不满小林的态度,小林与团队成员也渐渐发生了一些工作上的冲突。

与小林截然不同,实习助理小娜同样对艺术充满热爱,但她注重团队的合作和整体效果。她希望通过展览展示团队的创意和努力,而不仅仅是个人的作品。她投入了大量的时间和精力布置展览,与其他团队成员紧密合作,确保每一个细节都得到了精心的处理。

第二步:讨论内容。

1. 如果你是小林,你会如何平衡自己的创作追求与职业工作要求?

_____
_____
_____
_____
_____

2. 自我意识和职业意识之间如果发生冲突,你会如何处理?

_____
_____
_____
_____
_____
_____

实训点评

不同的学生对于以上问题肯定有不同的看法,个人要力求在职业意识与自我意识之间达到一个平衡,面对冲突要学会合理化解。

活动二　职业能力综合训练

实训简介

学生通过阅读案例,对主人公如何系统思考并解决问题进行分析,然后进行综合能力训练。

实训目标

通过训练,学生可以培养自己系统思考并解决问题的能力,面对突发或复杂的事情能够良好地应对。

实训步骤

第一步：阅读背景材料。

1953年11月13日，丹麦首都哥本哈根。

凌晨2点15分，电话铃响了，22岁的拉斯马森拿起话筒。

拉斯马森听到一个声音，听上去像是位老太太。

"我摔倒了，摔在地上，动不了啦。我在公寓里。"

"请把您公寓的地址或电话号码告诉我们！"

"我……地址和电话，我都想不起来！"

拉斯马森试了多种找出老太太位置的方法，他试图通过邮局找出老太太的电话号码，也试着让老太太叫醒她的邻居，还试着让老太太回忆她的医生的名字，而这一切，都失败了。

他找来了中尉，中尉问："喂，夫人，您在房间都看到什么啦？"

"镶木地板，老式的打蜡地板。"

"这么说，您住的是老式房子！……您房间里有窗户吗？"

"有……就在我对面。窗户又窄又高，没有窗帘。我隐约看到好像马路上有灯光。"

中尉大声地向拉斯马森说：

"寻找一幢窗户狭长的老式房子。房子的窗口有灯光，大约在二、三层……否则，她分辨不出路灯亮着没有。"

"可我们还是不知道她住在哪个区啊？"

然而老太太再也不搭腔了。她没有把电话挂上，大概又晕过去了。

这时，拉斯马森说："中尉，我倒有个想法"

半个小时后，14辆轻便消防车同时出动，开往依然沉睡着的各个街区。警笛不断响着，每一辆车都得跑遍一个区的大小街道。在指挥部里，拉斯马森把电话筒贴在耳朵上。他希望能听到从老太太还未挂上的电话里传来警笛声。三刻钟后，拉斯马森突然惊叫道：

"中尉，我听见警笛声了！声音很低，可是很清晰！消防车大概就在离那儿不远的一条街上！"

中尉用无线电报话器命令："1号车，停止鸣笛！2号车，停止鸣笛！3

号车……8号车……"

依次往下,当第12号车停止鸣笛时,拉斯马森惊呼起来:"就是这儿!"

"12号车继续鸣笛行驶!其余车辆一律停止鸣笛。"中尉命令道。

12号车又开始搜索起来。突然,通过老太太家里的电话听筒,可以清清楚楚地听到12号车的警笛声。

"12号车,我们要找的人家就在你那条街上!快去寻找有灯光的窗户!"

"指挥部,我是12号车。这会儿全区都惊动了,所有的窗户都亮着灯!"

"12号车,用扩音器说明一下理由,让这条街上所有的灯都熄掉!最后亮着灯的一定是老太太的家!"

10分钟后,拉斯马森在电话里听到了撞破房门的声响,继而是一位消防员的话音,他从地上捡起了电话:

"喂?指挥部吗?我们已到现场!我们现在就送她去医院!"

这位老太太名叫埃伦·索恩代尔,72岁,下肢已瘫痪多年。在医院里她总算得救了,并逐渐恢复了记忆。为了拯救这位老太太的生命,一位年仅22岁的见习消防队员的意见,竟把全城的人从睡梦中惊醒了。不过,这还是值得的。

第二步:能力训练。

以4—5人为一组,进行综合能力训练。请仔细阅读以下的事件描述,小组成员内部充分讨论,由一人执笔,首先从"障碍5"开始写出可能遇到的其他障碍,然后在"思路和方法"一栏按步骤写出可能的解决途径,在"可能得到的帮助"一栏写出可能寻求哪些帮助,最后在最后一栏写出系统解决思路(表4-1)。

表4-1 能力训练内容

项目	问题描述	思路和方法
背景	你是某公司技术销售部门的一名实习生,刚到公司一个月。公司销售面向建筑企业的A、B两种施工设备。你的职位是销售助理,日常工作是帮助一位销售工程师王晓准备A产品的技术资料,由王晓告诉你客户的需求,你根据客户需要写出关于A产品的数量、技术参数、使用条件等内容的技术建议。昨天,你刚刚第一次完成了一份完整的技术建议书,并得到了王晓的肯定。	

续表

项目	问题描述	思路和方法
目标	早上9点,你刚到办公室,突然接到另一位销售工程师李方的一个短信,信息内容:请帮我完成华运公司需要的B产品的技术建议书,并在上午11点前送到华运公司,紧急。	
障碍1	你马上联系李方,但他的手机始终不在服务区。	
障碍2	你联系上正在出差的王晓:他说"我正在参加一个重要的投标,10:30以前不能打扰我。"	
障碍3	李方平时没有销售助理,他的销售文件准备工作都是他自己完成。其他销售人员对他的客户也不清楚。	
障碍4	虽然A产品和B产品设备功能相近,但技术参数有很多不同,面向的客户群又有所不同,你对B产品并不了解。	
障碍5		
障碍6		
障碍7		
障碍8		
可能得到的帮助		

续　表
系统解决思路

实训点评

面对突发且复杂的事件,每个人的处理方式不同,伴随的结果也就不同,这体现了个人的综合能力。我们平时要注重各方面能力的培养,以提高自己的随机应变能力。

拓展练习

练习一　成就事件练习

练习目的

通过这样的练习,我们可以增强个人对自己能力的认识和自信,同时提升目标设定、规划执行以及反思学习的综合技能。

练习步骤

写下你生活中的5个或者更多的成就事件,这些成就事件不一定是工作或者学习上的,也可以是课外活动或者家庭生活中发生的,比如,同学聚会、一次美好难忘的旅游,它们不必是惊天动地的大事,可以是你做过的让你感兴趣的事情,或者让你有历险感的或有成就感的事件,把这些内容写在下面的"我的成就记录表"(表4-2)中。

在撰写成就故事时,应当包含以下因素。

(1) 你想达到的目的,即需要完成的事情。

(2) 你面临的障碍、局限。

(3) 你的具体行动步骤,描述一下你每一步都做了什么(你是如何克服障碍,实现目标的)。

(4) 对结果的描述,即你取得了什么成就,最好能够量化评估。

完成后,你和小组成员一起分析在这些成就事件中你所运用的技能。这些经历中反复出现的技能就是你喜欢运用的技能,按照这些技能出现的频率排序。

举例(成就记录表见表4-3):

(1) 学习烹饪：15岁时,我曾为5个人准备晚餐,每个人都说这顿饭很好吃,整个晚餐都由我负责,包括购买蔬菜和肉、烹饪、上菜以及随后的收拾整理。

识别的技能：用心地学习烹饪,仔细地购买蔬菜和肉,富有想象力地准备食品,将餐桌布置得很好看,迅速地上菜,将餐具和桌子收拾得十分整洁。

(2) 销售报纸：大一时,我在一周内售出价值500元的报纸,并鼓励别的同学一起参加这项销售活动。

识别的技能：积极地带动其他学生,有说服力地推销杂志,持之以恒地上门推销。

(3) 当选为副班长：高中时我与其他学生交谈并赢得了他们的选票。我承诺：当他们有麻烦时,我将提供帮助。而且,我保证会经常组织班级活动等。

识别的技能：成功地赢得班级竞选,积极地说服同学支持自己,热情地推进班级活动的召开。

表 4-2 我的成就记录表

年龄	付酬的和没付酬的或是志愿工作方面的成就	学校、学业和课外的成就	在家庭、信仰、娱乐、爱好、个人兴趣方面的成就	人际关系，在家庭与社交方面的成就
20—21				
18—19				
16—17				
14—15				
12—13				
10—11				
0—9				

表 4-3　成就记录表(范例)

年龄	付酬的和没付酬的或是志愿工作方面的成就	学校、学业和课外的成就	在家庭、信仰、娱乐、爱好、个人兴趣方面的成就	人际关系,在家庭与社交方面的成就
20—21	为社区办了宣传栏	在学生会健身比赛中担任宣传员,第二学期的总评成绩得了优秀	绘画比赛得了第二名	经过尝试终于帮助了一位朋友
18—19	假期参加城市展会,当引导员,这份工作赚了1 000元	在省英语演讲比赛中取得第三名,担任院学生会主席	制作手工艺品并作为礼物送给家人,修好了家里的电热水器	与一位原以为讨厌我的老师交上了朋友
16—17	暑假在快餐店打工,为店里制作宣传单	在学校的集会上发表演讲,制作年级毕业纪念册	获得高中奖学金	负责协调毕业生晚会的工作
14—15	在亲戚的杂货店帮忙了很长一段时间	担任初一年级的班长,科学作业得了"A"	自己写了一部小说	在爷爷生病的时候照顾他
12—13	向同班同学推销文具	担任生活委员,管理班级绿化事务,成为全校绿化最优班级	每周为家里做一顿饭	组织了一个漫画小组
10—11	暑假靠做手工挣了100元	因为数学有很大进步受到老师的表扬	做了一个飞机模型	
0—9		在学校舞蹈活动中演出	在春游爬山比赛中得了第一名	在小姨家待了三个星期(虽然我不想待在那儿)

练习二　能力倾向测试

练习目的

测试在许多职业领域中工作所必需的几种能力倾向,我们通过练习能够了解个人的职业能力倾向类型,了解个体在能力上的强弱,从而指导个人选择适合自己发展的领域。

练习步骤

每种能力由一组相关的5道题目反映出来。测试时,请仔细阅读每一个问题,根据自己的实际情况进行评定。该测试的评分标准为1—5五级评分,能力弱则得分高,能力强则得分低。

1. 一般学习能力倾向(G)(表4-4)

表4-4　一般学习能力倾向

序号	内　　容	强 1	较强 2	一般 3	较弱 4	弱 5
1	快而容易地学习新内容					
2	快而正确地解答数学题					
3	你的学习成绩					
4	对课文的字、词、段落、篇章的理解、分析能力					
5	对学过的知识的记忆能力					
	总分=					
	自评等级=总分/5					

2. 言语能力倾向(V)(表4-5)

表4-5 言语能力倾向

序号	内 容	强 1	较强 2	一般 3	较弱 4	弱 5
1	善于表达自己的观点					
2	阅读速度和理解能力					
3	掌握词汇量的程度					
4	你的语文成绩					
5	你的文学创作能力					
	总分=					
	自评等级=总分/5					

3. 算术能力倾向(N)(表4-6)

表4-6 算术能力倾向

序号	内 容	强 1	较强 2	一般 3	较弱 4	弱 5
1	做出精确的测量					
2	笔算能力					
3	口算能力					
4	计算机运用能力					
5	你的数学成绩					
	总分=					
	自评等级=总分/5					

4. 空间判断能力倾向(S)(表4-7)

表4-7 空间判断能力倾向

序号	内　容	强 1	较强 2	一般 3	较弱 4	弱 5
1	计算立体几何方面的习题					
2	画立体图形					
3	看几何图形的立体感					
4	想象盒子展开后的平面图					
5	想象三维的物体					
	总分＝					
	自评等级＝总分/5					

5. 形态知觉能力倾向(P)(表4-8)

表4-8 形态知觉能力倾向

序号	内　容	强 1	较强 2	一般 3	较弱 4	弱 5
1	发现相似图形中的细微差别					
2	识别物体的细节部分					
3	注意物体的细节部分					
4	观察物体的图像是否正确					
5	对物体的细微描述					
	总分＝					
	自评等级＝总分/5					

6. 书写知觉能力倾向(Q)(表4-9)

表 4-9 书写知觉能力倾向

序号	内 容	强 1	较强 2	一般 3	较弱 4	弱 5
1	快而准确地抄写资料(如姓名、日期、电话号码等)					
2	发现错别字					
3	发现计算错误					
4	能很快查找编码卡片					
5	自我控制能力(如较长时间抄写资料)					
	总分=					
	自评等级=总分/5					

7. 眼手运动协调能力倾向(K)(表 4-10)

表 4-10 眼手运动协调能力倾向

序号	内 容	强 1	较强 2	一般 3	较弱 4	弱 5
1	玩电子游戏					
2	打篮球和踢足球等活动					
3	打乒乓球、羽毛球					
4	打算盘能力					
5	打字能力					
	总分=					
	自评等级=总分/5					

8. 手指灵巧度(F)(表4-11)

表4-11　手指灵巧度

序号	内　容	强 1	较强 2	一般 3	较弱 4	弱 5
1	灵巧地使用很小的工具					
2	穿针眼、编织等使用手指的活动					
3	做一件小工艺品					
4	使用计数器的灵巧程度					
5	弹琴					
	总分=					
	自评等级=总分/5					

9. 手腕灵巧度(M)(表4-12)

表4-12　手腕灵巧度

序号	内　容	强 1	较强 2	一般 3	较弱 4	弱 5
1	用手把东西分类					
2	在推拉东西时手的灵活度					
3	削苹果皮					
4	灵活地使用手工工具					
5	在绘画、雕刻等手工活动中灵活性					
	总分=					
	自评等级=总分/5					

10. 职业能力倾向自评等级(表4-13)

表4-13 职业能力倾向自评等级

职业能力倾向	自评等级	职业能力倾向	自评等级
G		Q	
V		K	
N		F	
S		M	
P			

测试结果

(1) 计算出每一种能力的平均分后,从强到弱依次排列你的能力倾向(按照大写字母排列)。

_____
_____
_____
_____

(2) 根据自己的实际情况,找出相关的证据来支持上一步的能力的排序。依次写下你能力较强或者较弱的实际证据。

_____
_____
_____
_____
_____

(3) 职业对人的职业能力倾向的要求。

下表(表4-14)列出了不同职业对各类能力等级的要求,根据结果对照下表,可找到你适合的职业(等级数为能力倾向等级,表示此职业必须达到的职业能力的最低水平);同时也能找出目前自己能力水平与目标职业要求之间的差距。

表4-14 不同职业的职业能力倾向

职业类型	职业能力倾向								
	G	V	N	S	P	Q	K	F	M
生物学家	1	1	1	2	2	3	3	2	3
建筑师	1	1	1	1	2	3	3	3	3
测量员	2	2	2	2	2	3	3	3	3
测量辅导员	4	4	4	4	4	4	3	4	3
制图员	2	3	2	2	2	3	2	2	3
建筑和工程技术专家	2	2	2	2	2	3	3	3	3
建筑和工程技术员	2	3	3	3	3	3	3	3	3
物理科学技术家	2	2	2	2	2	3	3	3	3
物理科学技术员	2	3	3	3	2	3	3	3	3
农业、生物、动物、植物学领域技术专家	2	2	2	4	2	3	3	2	3
农业、生物、动物、植物学领域技术员	2	3	3	4	2	3	3	3	3
数学家和统计学家	1	1	1	3	3	2	4	4	4

续 表

职业类型	职业能力倾向								
	G	V	N	S	P	Q	K	F	M
系统分析家和计算机程序编制者	2	2	2	2	3	3	4	4	4
经济学家	1	1	1	4	4	2	4	4	4
社会学家、人类学者	1	1	3	2	2	3	4	4	4
心理学家	1	1	2	2	2	3	4	4	4
历史学家	1	1	3	4	4	3	4	4	4
哲学家	1	1	4	3	3	4	4	3	4
政治学家	1	1	3	4	4	3	4	4	4
政治经济学家	2	2	3	3	3	3	3	3	5
社会工作者	2	2	3	4	3	4	4	4	4
社会服务助理人员	3	3	3	4	3	4	4	4	4
法官	1	1	3	4	3	3	4	4	4
律师	1	1	3	4	3	4	4	4	4
公证人	2	2	3	4	3	4	4	4	4
图书馆管理学专家	2	2	3	3	4	2	3	4	4
图书馆、博物馆和档案馆管理员	3	3	3	2	2	4	3	2	3
职业指导者	2	2	3	4	3	4	4	4	4
大学教师	1	1	3	3	2	4	4	4	4
中学教师	2	2	3	4	3	3	4	4	4
小学和幼儿园教师	2	2	3	3	3	3	3	3	3
职业学校教师（职业课）	2	2	2	3	3	3	3	3	3
职业学校教师（普通课）	2	2	3	4	3	4	4	4	4

续　表

职　业　类　型	职业能力倾向							
	G	V	N	S	P	Q	K	F	M
内科、外科、牙科医生	1	1	2	1	2	3	2	2	2
兽医学家	1	1	2	1	2	3	2	2	3
护士	2	2	3	3	3	3	3	3	3
护士助手	2	4	4	4	2	2	2	3	2
工业药剂师	2	1	2	3	2	2	3	2	3
医院药剂师	2	2	2	4	2	3	3	3	3
营养学家	2	2	2	3	3	3	4	4	4
配镜师(医)	2	2	2	2	2	3	3	3	3
配眼镜商	3	3	3	3	3	4	3	3	3
放射科技术人员	3	3	3	3	3	3	3	3	3
药物实验室技术专家	2	2	2	3	2	3	3	2	3
药物实验室技术员	2	3	3	3	3	3	3	3	3
画家、雕刻家	2	3	4	2	2	5	2	1	2
产品设计者和内部装饰者	2	2	3	2	2	4	2	2	3
舞蹈家	2	3	3	2	3	4	2	2	3
演员	2	2	4	3	4	4	4	4	4
电台播音员	2	2	3	4	4	3	4	4	4
作家和编辑	2	1	3	3	3	3	4	4	4
翻译人员	2	1	4	4	4	3	4	4	4
体育教练	2	2	2	4	4	3	4	4	4
运动员	3	3	4	2	3	4	2	2	2

续 表

职业类型	职业能力倾向								
	G	V	N	S	P	Q	K	F	M
秘书	3	3	3	4	3	2	3	3	3
打字员	3	3	4	4	4	3	3	3	3
记账员	3	3	3	4	4	2	3	3	4
出纳员	3	3	3	4	4	2	3	3	4
统计员	3	3	2	4	3	2	3	3	4
电话接线员	3	3	4	4	4	3	3	3	3
一般办公室职员	3	4	3	4	4	3	3	4	4
商业经营管理者	2	2	3	4	4	3	4	4	4
售货员	3	3	3	4	4	3	4	4	4
警察	3	3	3	4	3	3	3	4	3
门卫	4	4	5	4	4	4	4	4	4
厨师	4	4	4	4	3	4	3	3	3
招待员	3	3	4	4	4	4	3	4	3
理发员	3	3	4	4	2	4	3	3	3
导游	3	3	4	3	3	5	3	3	3
驾驶员	3	3	3	3	3	3	3	3	3
农民	3	4	4	4	4	4	4	4	4
动物饲养员	3	4	4	4	4	4	4	4	4
渔民	4	4	4	4	4	5	4	3	4
矿工	3	4	4	3	4	5	3	4	3
纺织工人	4	4	4	4	3	5	3	3	3

第四章 职业素质提升

续表

职业类型	职业能力倾向							
	G	V	N	S	P	Q	K	F	M
机床操作工	3	4	4	3	3	4	3	4	3
锻工	3	4	4	4	3	4	3	4	3
无线电修理工	3	3	3	3	2	4	3	3	3
细木工	3	3	3	3	3	4	3	4	3
家具木工	3	3	3	3	3	4	3	4	3
一般木工	3	4	4	3	4	4	3	4	3
电工	3	3	3	3	3	4	3	3	3
裁缝	3	3	4	3	3	4	3	2	3

（4）GATB的职业能力倾向类型及其适合的职业类型。

以上9种能力可以分别构成15种职业能力倾向类型，每种职业能力倾向类型对应一种胜任的职业类型。

① G-V-N：人文系统的专业职业

② G-V-Q：特别需要言语能力的事务职业

③ G-N-S：自然科学系统的专门职业

④ G-N-Q：需要数字能力的一般事务职业

⑤ G-Q-K：机械事务性职业

⑥ G-Q-M：机械装置的操纵、运转及警备、保安职业

⑦ G-Q：需要一般性判断和注意力的职业

⑧ G-S-P：美术作业的职业

⑨ N-S-M：设计、制图作业及电气职业

⑩ Q-P-F：制版、描图的职业

⑪ Q-P：检查分类职业

⑫ S-P-F：造型、手指作业的职业

⑬ S-P-M：造型、手臂作业的职业

⑭ P-M：手臂作业的职业

⑮ K-F-M：看视作业、身体性作业的职业

了解个人的职业能力倾向类型，对于选聘和任用职业人员十分重要，既能使我们了解不同个体在能力上的差异，又能指导我们选择适合自己发展的领域。

案例研讨

案例一　新时代的工匠精神

劳动创造价值，劳动开创未来。无数一线的劳动者用辛勤的汗水诠释着"劳动最光荣"的深刻含义。在联想（武汉产业基地）有三位一线老工匠，虽然没有工程师、专家这样的头衔，但是凭着十年磨一剑的刻苦钻研和不达目的不服输的劲头，在平凡岗位中创造了不平凡的业绩。

在武汉产业基地有一位被大伙熟悉的设备安全守护者——李贵成。他一直保持着289台设备线路安全"零"事故的纪录，在参与工作的9年时间里，亲身参与了15个厂级改善项目，因此积累了丰富的电工专业知识。李贵成说："因为我是搞设备服务的，搞设备这一行，我喜欢钻研。"根据他的回忆，在建厂初期，整个厂区里没有桥架，这意味着在生产过程中设备线路会完全暴露在外，有着极大的安全隐患。公司上级要求他两周内一次性架起24个桥架，从而满足生产需要。在"临危受命"之时，李贵成很快组建了一个6人小组，夜以继日地工作，将困难一项一项解决，没有材料，他们就利用供应商遗留的旧材料进行加工处理，研究出了一系列便捷和安全的新方法。"整整两个星期我们把所有原供应商不要的材料进行手工打造，最终24个桥架按时按点完成交付使用。"每当提起这段往事，李贵成心里都充满了自豪。正是凭借着这股子拼劲和闯劲，他才能够成为大家公认的电工"大拿"。

随着通信技术的不断发展，各种电子元器件电路信号交联数目庞大，系

统复杂度也呈指数级别增加，主板维修集成度高，难度大，多件产品故障排除，一度成为业界拦路虎。在联想工作16年的刘元刚主动面对这一难题，他将主板维修比作治病救人，如何能快速诊断病情并切除"病灶"是制胜的关键。电流类缺陷板的诊断就好比"疑难杂症"中的杂症。通常维修好一台电流缺陷板，需要先用手挨个触摸可能出现问题的芯片，观察其有没有发热迹象。如果没有发现，就只能"盲目"换料，但这样效率低且成本高。面对这一问题，刘元刚迎难而上，通过与同事仔细研究摸索电路原理图，自创方法，并搭配红外热成像设备，大幅度提升了故障主板的诊断准确率，降低主板报废和物料成本，解决了板件测试难题。而这一切都是从零开始的。刚入厂时，刘元刚只是一名没有维修经验的门外汉，由于没有什么基础，一开始他只能帮厂里的老前辈做一些力所能及的辅助工作；但通过武汉工厂的培养和他自己的潜心学习，从初识各类型的产品到熟悉主板上各个元器件和工作原理，他变成质量控制的高手，如今已经成为行业内维修人才的标杆。

在武汉产业基地，常常看到一位健步如飞的女工程师，时而跟电、网、气打交道，时而又在工地指挥作业，工友们给她起了一个外号——上天钻地的"女汉子"。她就是甘友琴，负责厂房设施规划与现场改善，在武汉工厂工作8年，她从一名基层班组长成长为一名独当一面的IE技能专精技师。2019年，武汉工厂的办公区、仓库等区域需要在原本的基础上升级规划，这项任务落在了甘友琴身上，她在原本的工作内容之外，还需要天天跑工地做实地勘测，同组的6名成员中也仅有她一位女性。在很长一段事件内，她都拿着一大本建设图纸穿梭在各车间了解车间线体和机房的电、网、气等配置要求，对于隐蔽的管线，还逐一定位核对。她为了方便查找，根据工厂建筑的特点，创造了"甘氏标记法"，结合网格法，将建筑中1万多个水电气点和上千条电缆梳理并牢记。她说："我相信在工作和技术上，没有男生女生之分，只有锲而不舍的钻研精神。"6年时间，她的足迹遍布了产业基地，留下了6大本工作笔记，这些笔记在之后的工作中，都成为披荆斩棘的制胜法宝。

思考题：

1. 在案例中，工程师们是如何展示团队协作在解决复杂问题和达成目标中的重要性的？

2. 案例中的角色是如何通过持续学习来提高其专业技能，进而在工作中取得卓越成就的？

3. 案例中的个体是如何通过他们的职业素质，如责任感、创新精神和坚韧不拔，来获得职业成就的？

思考题答案

案例二　职业竞技场

在一个繁华的城市，有一家知名的科技公司——智慧科技。这家公司在行业内享有很高的声誉，吸引了许多年轻人的关注。几个年轻人，包括小明、小红和小杰，都进入了智慧科技，并成为同事。

刚入职时，他们的能力和职业素质相当。然而，随着时间的推移，他们的职业生涯出现了不同的发展轨迹。

小明是一个勤奋刻苦的人，他意识到职业素质的重要性。他主动参加公司的培训课程，不断学习新的技能和知识。他还主动承担一些挑战性的项目，积极寻求成长和进步的机会。通过不断提升自己的职业素质，小明逐渐脱颖而出，受到了上级的赏识和重用。

小红对自己的职业生涯并没有给予足够的重视,她对工作并没有太多的激情。她觉得自己刚入职时的能力足够应对工作,没有进一步提升的需求。然而,随着时间的推移,行业发展迅速,新的技术和方法不断涌现。小红的知识和技能逐渐落后于行业的发展水平,她没有适应新的要求,渐渐被其他同事超越。

而小杰则处于中间状态。他意识到职业素质的重要性,但并没有付诸行动。他对工作保持了一定的努力和责任心,但没有主动去学习和提升自己。他在现有的岗位上表现平平,没有太大的突破和进展。

随着时间的推移,智慧科技也面临着竞争的压力。公司开始优化组织结构,裁员和晋升的机会越来越少。最终,小明因为他的不断努力和职业素质的提升,被晋升为高级主管,成为公司的中坚力量。而小红因为没有适应行业的变化,被迫离开了公司。小杰则仍然在原岗位上工作,但没有太大的发展。

思考题:

1. 为什么小明在职业素质提升方面取得了成功?他做了哪些具体的努力?

_____

_____

_____

_____

2. 小红没有重视职业素质提升,导致了什么后果?她可以采取哪些措施来改变现状?

_____

_____

_____

_____

3. 小杰意识到了职业素质的重要性,但没有付诸行动,为什么会发生这种情况?他应该如何改变自己的态度和行为?

4. 在现代社会中,职业素质的提升对个人的职业生涯发展有多大的影响?我们在职业生涯中是否应该重视职业素质的提升?如何推动职业素质的提升?

5. 为了对提升职业素质保持关注和努力?我们应该怎么做?

思考题答案

案例三　不断追求卓越

莱昂纳多·迪卡普里奥,一个家喻户晓的名字,一个备受尊敬的演员,然而,他的成功之路并不平坦,他的职业素质提升的旅程充满了挑战和努力。

年轻时,莱昂纳多就展现出了出色的演技和独特的魅力。他出演了一些小众的电影和电视剧,但并没有引起广泛的关注。然而,他并没有因此而气馁,相反,他意识到自己还有很多需要学习和提升的地方。

莱昂纳多开始参加各种表演培训班,上提升演技的课程,他不断地挑战自己,探索各种不同类型的角色。他投入了大量的时间和精力来研究角色的背景和情感,不断提升自己的表演能力和职业素质。

他的努力逐渐得到了认可。他参演的电影《泰坦尼克号》在全球获得巨大成功,他凭借出色的表演赢得了观众的赞赏。然而,莱昂纳多并没有满足于此,他知道自己还有更多潜力可以发掘。

他决定挑战更多复杂的角色,主演了克里斯托弗·诺兰导演的电影《盗梦空间》。这是一部扣人心弦的科幻惊悚片,要求演员们展现出高度的表演能力和情感深度。

莱昂纳多在电影中的精彩表演让观众刮目相看,他通过对角色的深入理解和细腻的演技,将观众带入了一个令人难忘的梦境世界。他的努力和职业素质再次得到了肯定。

随着时间的推移,莱昂纳多参演了许多优秀的作品,并收获了一项项重要的奖项,其中包括凭借《荒野猎人》获得的奥斯卡金像奖最佳男主角。

莱昂纳多的成功并非偶然,这是他对表演事业的坚定执着和不懈努力的结果。他通过持续学习和自我提升,不断提升自己的职业素质,最终成为世界级的演员。

莱昂纳多的故事向我们展示了一个真正追求卓越的演员如何通过不断的努力,在竞争激烈的演艺行业中取得成功。他的经历鼓舞着许多年轻人,激励他们追逐自己的梦想,不断超越自我。

思考题:

1. 在莱昂纳多的故事中,你认为他是如何保持对职业素质的持续追求和不懈努力的?有哪些因素使他能够保持这种动力?

2. 莱昂纳多在自己的职业生涯中遇到了很多挑战。对于追求职业素质提升的人来说，哪些方面是最具挑战性的？

3. 莱昂纳多通过参演不同类型的电影来提升自己的职业素质。你认为尝试不同类型的工作或项目对于个人职业发展有什么重要作用？

4. 莱昂纳多的成功与他对角色的深入理解和细腻的演技密切相关。在你所向往的职业中，你认为什么能力重要？

思考题答案

5. 莱昂纳多的故事中提到他通过参演电影《荒野猎人》获得了奥斯卡金像奖最佳男主角。你认为获得奖项对于职业素质提升和职业发展的影响是什么?

_____
_____
_____
_____
_____

实用工具

最佳技能识别卡

最佳技能识别卡可以让你在诸多技能中找出自己的长项。你可以从不同的角度识别表4-15中的技能:你做得最好/最不好的;你最愿意/最不愿意做的;你做起来最愉快/最不愉快的。你可以用不同记号或者用不同颜色的笔标记出来,或给每一个技能打分。

表4-15 个人技能表①

技能	具体内容				
肢体使用技能	动手操作	手眼配合	全身协调	速度	耐力
材料使用技能	加工锻造	纺织	雕塑	喷绘	手工制作
物品使用技能	清洗	收纳	烹饪	生产	修理
设备使用技能	组装	操作	维护	清理	拆解
动植物养护技能	养护	喂养	照料		

① 洪向阳.10天谋定好前途:职业规划实操手册[M].2版.北京:中国经济出版社,2021.有改动。

续表

技　能	具　体　内　容				
信息检索技能	检索	识别			
信息管理技能	归档	分类			
管理技能	计划	组织	决策	控制	创新
领导技能	描述愿景	激励	监督	沟通	经营
与个人交流	提供服务	辅导	咨询	面对面沟通	网络沟通
	招募	兜售	治疗		
与团队交流	演讲	协调	培训	传授	表演

下面,我们可以从两个角度出发考虑自己的最佳技能:自己使用技能的能力和自己使用技能的意愿;可以从个人技能表中选择相应的技能填入下面的最佳技能识别卡中(表4-16),既能熟练使用又愿意使用的技能就是你的最佳技能。

表 4-16　最佳技能识别卡

项　目	能熟练使用	能使用但不熟练	不会使用
愿意从事			
一般			
不愿意从事			

第五章
就业准备——笔试

知识结构图

　　笔试通常发生在简历筛选或初步面试之后,是用人单位衡量应聘者是否具备岗位所需基本素质的重要手段。本部分对笔试的定义、笔试的特点、笔试的目的、笔试的类型、笔试的准备以及笔试的技巧等重点内容的理论框架进行了展示,通过对笔试相关知识的学习和掌握,帮助学生找到展示专业知识、技能、逻辑思维、解决问题的能力的有效途径,进而为学生职业生涯目标的达成和职业发展奠定坚实的基础。

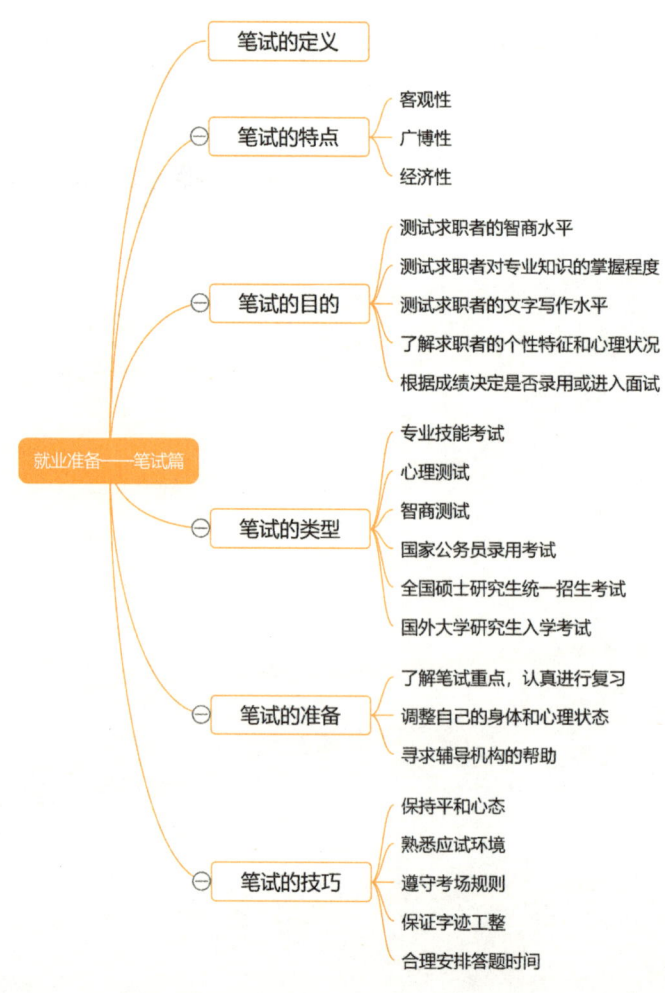

课堂实训

笔试规划

实训简介

笔试规划是指为了提高笔试成绩和效率,对备考过程进行系统性、科学性的安排和管理。一个好的笔试规划可以帮助考生明确目标、合理分配时间、有效利用资源,并最终提高考试成绩。

实训目标

本次实训旨在让参与者意识到笔试规划的重要性,并通过实训进行规划,提高自己的规划能力,养成定期制订和调整学习计划的习惯。

实训步骤

在对众多笔试经历的回顾中,一个引人深思的现象浮现:那些在备考过程中看似投入极大时间和精力的参与者,并未总是收获与投入相匹配的理想成绩。相反,一些看似更为轻松应对的考生却频频取得令人瞩目的成绩。这种差异引发了人们对备考策略的深入反思。特别是在考研领域,尽管不少学生坚信,通过努力,他们能够实现自己的目标,然而,实际情况往往与预期大相径庭。调查显示,大部分未能如愿以偿的考研学生,其失败并非因为不够努力,而是在备考规划的环节存在重大缺失。

第一步:笔试规划指导。

1. 确定目标和计划

明确自己的目标是什么,合理地选择目标是首要的工作,参与笔试是为实现目标服务的。我们要根据个人兴趣、职业规划和实际情况选择目标,最开始就要为了实现目标制订一个合理的计划。

2. 制订详细的学习计划

在确定目标后,就需要制订备考学习计划,并且需要分阶段制订学习计划。备考过程一般分为基础阶段、强化阶段、冲刺阶段和模拟阶段。

在基础阶段,重点复习基础知识,建立知识框架;在强化阶段,深入理解难点和重点,进行专题训练;在冲刺阶段,查漏补缺,提高解题速度和准确率;在模拟阶段,进行全真模拟考试,调整心态,做好时间管理。

根据阶段目标,制订每日和每周的学习计划,包括学习时间、学习内容和复习安排。

3. 选择合适的学习材料

选择权威的、适合自己的教材和辅导书,确保学习内容的准确性和系统性。现在线上题库资源丰富,要学会对学习资料进行辨别。备考要重视历年真题的价值,通过历年真题了解考试趋势,通过模拟题进行实战演练。

4. 实施学习计划

严格按照学习计划执行,保持学习的连续性和稳定性。每周、每月进行学习效果的自我评估,及时调整学习方法和计划。

5. 加强薄弱环节

在备考过程中会发现自己的薄弱环节,要针对自己的薄弱环节进行专项训练,如数学的难题、英语的阅读理解等。

6. 善于寻求帮助

在遇到难题时,要积极向老师、同学或在线资源寻求帮助。

7. 保持身心健康

备考是枯燥的,很多大型笔试的准备都要几个月的时间,要保持身心健康。一定要保证充足的睡眠,合理安排饮食和休息时间。适当的体育锻炼可以缓解压力,提高学习效率。

8. 考前准备

我们在考前要保持平和的心态,避免过度紧张和焦虑;可以适当复习易错题和重难点,进行最后的冲刺;熟悉考试流程,掌握答题技巧,如时间分配、答题顺序等。

第二步:笔试规划实操。

我们可结合自己接下来将会参与的一次笔试,根据第一步的笔试规划指导,制定自己的笔试规划。笔试可以是一次期末考试,也可以是公务员考试、全国硕士研究生招生考试等大型考试。

1. 确定目标和计划

___
___
___
___
___

2. 制订详细的学习计划

___
___
___
___
___

3. 选择合适的学习材料

___
___
___
___
___

4. 实施学习计划

___
___
___
___
___

5. 加强薄弱环节

_____
_____
_____
_____
_____

6. 善于寻求帮助

_____
_____
_____
_____
_____

7. 保持身心健康

_____
_____
_____
_____
_____

8. 考前准备

_____
_____
_____
_____
_____

实训点评

　　基于不同的笔试目标,不同的个人情况,制定规划。规划没有标准的模版,笔试备考者在备考过程中可借鉴他人经验制定适合自己的备考规划。

拓展练习

练习一 笔试了解区

练习目的

笔试有多种类别,例如,企业笔试、全国硕士研究生招生考试、公务员考试、出国留学考试。根据考试内容,这些考试主要分为通用能力笔试和专业能力笔试两大类。本次练习可以让参与者对各类笔试有一个整体性的认识,更清晰地进行笔试准备。

练习步骤

第一种:通用能力笔试。

通用能力笔试主要用来评估考生在多种基础能力方面的综合素质,其题型包括逻辑推理题、语言理解题、数量关系题、资料分析题等。

1. 逻辑推理题

(1) 题型解释。

逻辑推理题旨在通过分析信息、辨别关系、识别模式和进行推理来评估考生的逻辑思维能力。这些题目通常要求考生根据给定的信息得出结论、发现规律或解决问题。

(2) 题型类别。

① 图形推理:要求考生根据一系列图形之间的关系,选择下一个图形或找到不属于同类的图形。

② 数字推理:要求考生根据数字之间的关系和规律,找出缺失的数字或预测下一个数字。

③ 文字推理:涉及语言和文字的关系,要求考生通过分析文字之间的逻辑关系来解答问题。

④ 条件推理:提供若干条件或前提,要求考生基于这些条件进行推理,

得出正确结论。

⑤逻辑谜题:给出一组复杂的信息或条件,要求考生综合分析后解决问题。

⑥假设检验:提供某个假设,考生需要验证该假设是否成立,或者找出违反假设的情况。

例题1:根据下列图形找出不同类别的图形(　　)。

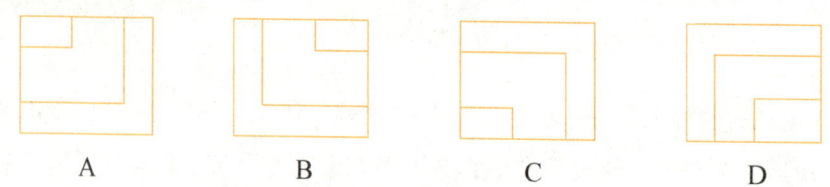

例题2:根据一组数字序列,请找出下一个数字,如2,5,10,17,_____。

例题3:根据下面词语,请找出一个与其他词语不相关的词(　　)。

A. 菠萝　　　　B. 西瓜　　　　C. 荔枝　　　　D. 芒果

例题4:根据以下条件进行推理,选出正确的结论(　　)。

条件:①所有狗都喜欢吃肉。②玛丽有一只狗,名叫巴奇。③巴奇是玛丽的宠物。

A. 巴奇喜欢吃肉　　　　　　　　B. 玛丽喜欢吃肉

C. 所有人喜欢吃肉　　　　　　　D. 所有宠物都喜欢吃肉

例题5:根据"赵钱孙李"四个字在下图左边空白框里补充一个字母。

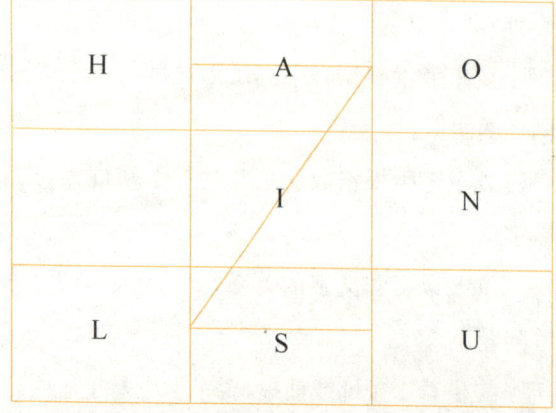

(3) 解题技巧。

① 仔细审题：明确题目的要求和给定的信息，确保理解题意。

② 识别模式：观察图形、数字或文字之间的规律，找出变化的模式。

③ 逻辑推断：使用逻辑推理的方法，逐步排除错误选项，得出正确答案。

④ 验证答案：在选择答案之前，重新检查题目的条件和推理过程，确保答案的正确性。

⑤ 练习提高：通过大量练习各种类型的逻辑推理题，熟悉不同题型和解题方法，提高答题速度和准确性。

2. **语言理解题**

(1) 题型解释。

语言理解题主要涉及从文字或句子中获取和解析信息，理解其含义，同时可能需要对其进行分析、评价或运用。这种题型要求考生具备一定的语言基础知识，如词汇、语法、修辞等，同时也需要具备良好的阅读理解、逻辑推理和批判性思维能力。

(2) 题型类别。

① 词汇理解：要求考生理解单词或短语的含义，可能需要识别词义、对词义进行比较或解释词义。

② 句子理解：要求考生理解句子的意思，可能需要分析句子结构、识别句子成分或理解句子含义。

③ 段落理解：一般出现在阅读理解题中，要求考生理解和分析一段文字的主旨，可能需要识别主题、找出细节或理解作者的意图。

④ 全文理解：通常需要考生阅读一篇完整的文章，理解文章的主题、结构和意图，可能需要总结文章、分析观点或评价论据。

例题1：下列词语中，(　　)多指人与人之间相互关切、爱护、照顾、帮助的感情。

A. 情谊　　　　B. 情义　　　　C. 情意　　　　D. 情感

例题2：下列句子中，没有语病的一项是(　　)。

A. 只有努力，才能过上幸福人生

B. 人们普遍相信,过度劳累会让身体透支,引起健康问题,最大的问题不是一直在忙碌,而是连休息都无法放松身心所致

C. 研究认为,在分子或晶体中的原子绝不是简单地堆砌在一起,而是存在着强烈的相互作用。化学上把这种分子或晶体中原子间的强烈作用力叫作化学键

D. "小荷才露尖尖角,早有蜻蜓立上头",荷园的荷花尤其特别引人注目,蜻蜓不由得驻足欣赏

(3) 解题技巧。

① 精读题目:细心阅读题目和选项,确保理解题目要求。

② 寻找线索:在题目或文章中寻找关键词或短语,找出信息线索。

③ 理解语境:理解字词、短语或句子在语境中的具体含义。

④ 推理判断:根据已知信息,进行逻辑推理和判断,找出正确答案。

⑤ 总结归纳:在阅读文章后,进行总结和归纳,理解作者的主旨和观点。

3. 数量关系题

(1) 题型解释。

数量关系题要求考生识别和分析给定数量之间的关系,运用数学知识和技巧来解决涉及数量关系的实际问题。这类题目可能涉及简单的算术运算、代数方程、比例计算、百分比变化、增长率和减少率等。

(2) 题型类别。

① 算术运算题:涉及基本的加减乘除运算,可能包括整数、分数、小数等。

② 代数方程题:涉及变量和方程的求解,可能包括一元一次方程、二元一次方程组等。

③ 比例和百分比题:涉及比例关系、百分比计算和变化,可能包括比例尺、百分比增减等。

④ 增长率和减少率题:涉及数量的增加和减少,可能包括复利计算、年增长率计算等。

⑤ 综合应用题:将多个数量关系概念综合应用,要求考生理解问题背

景,运用数学方法解决问题。

例题1:111、222、333、444、555、666,使用加减乘除让这六个数的结果为999。

例题2:已知$2x+3y=7$, $x+z+q=5$,则$6x+3z+3q+3x+9y=$(   )。

例题3:如果一个商品在打8折的基础上,再涨价20元后比未打八折前贵了2元,其原价是?

例题4:某公司一年内的销售额情况如下:第一季度为100万,第二季度比第一季度增长了20%,第三季度比第二季度减少了15%,第四季度比第三季度增长了10%。请问整个年度的销售额是多少?(   )

A. 435.4万

B. 434.3万

C. 435.2万

D. 434.2万

(3)解题技巧。

① 理解题意:仔细阅读题目,确保理解题目要求和给定的信息。

② 列出关系式:根据题目要求,列出数量之间的关系式,确保逻辑清晰。

③ 进行计算:运用数学运算规则和公式,进行必要的计算。

④ 检查结果:在得出答案后,重新检查题目和计算过程,确保答案的正确性。

⑤ 应用结论:将计算结果应用于实际问题,提出合理的解释或决策。

4. 资料分析题

(1)题型解释。

资料分析题要求考生运用分析工具和方法来处理和解释给定的资料,识别资料中的关键信息,进行综合分析,得出结论,并基于分析结果做出合理的决策或提出建议。这种题型可能涉及数据的收集、整理、描述、分析和解释等多个环节。

(2) 题型类别。

① 文本分析题：要求考生阅读和理解给定的文本资料，提取关键信息，进行逻辑推理和综合分析。

② 图表分析题：涉及对图表（如柱状图、折线图、饼图、散点图等）的解读，要求考生从图表中提取数据，进行分析和解释。

③ 数据表分析题：要求考生处理和解释数据表中的信息，可能涉及数据的排序、筛选、计算和比较。

例题：

某城市的年度人口数据如下表所示（表5-1）：

表5-1 年度人口数据表

年 份	人口数量（万人）
2016	800
2017	900
2018	1 000
2019	1 100
2020	1 200

A. 从2016年到2020年的五年间，该城市的人口增长率是多少？

B. 2019年与2018年相比，该城市的人口增长了多少人？

C. 2020年的人口数量占五年期间总人口数量的百分比是多少？

(3) 解题技巧。

① 理解资料：仔细阅读和理解给定的资料，包括资料的来源、类型和结构。

② 提取关键信息：从资料中提取关键信息，确保信息的准确性和完整性。

③ 进行分析：运用分析工具和方法分析资料，识别资料中的模式、趋势和关系。

④ 得出结论：基于分析结果，得出合理的结论，并清晰地解释结论的依据。

第二种：专业能力笔试。

专业能力笔试是一种评估笔试者在特定领域知识和技能的测试，通常用于人员筛选。不同的企业、不同的岗位等在考查的知识和技能上存在差异，专业能力测评具有很强的专业性与针对性，能够很方便地区分笔试者专业能力的差异，达到选拔的效果。关于专业能力笔试的详细信息，我们可以通过查阅特定考试网站进行了解。

盘点你近期关注的某类考试笔试部分，你发现：

1. 可以通过哪些途径了解该考试的相关信息

_____

_____

2. 该笔试考查的通用能力知识

_____

_____

_____

3. 该笔试考查的专业能力知识

_____

_____

_____

练习二　笔试讨论区

练习目的

通过对即将参加或正在准备的笔试进行分析，参与者可以更深入地理解和掌握相关笔试的特性和要求。这种深度认识有助于他们从更广泛和深入的角度看待备考过程，这是设计有效备考计划的重要前提。同时，与同类考生的讨论和经验分享，无疑是一种极其好的学习方式。它不仅可以提供新的视角，还能引发有关备考策略和方法的深入反思，从而帮助考生在备考过程中避免无效努力，提高备考效率。因此，结合自我理解和他人经验，我们可以设计出更科学、合理和高效的笔试备考计划。

练习步骤

从"练习一"中，我们可以看出笔试内容通常包含对专业能力和通用能力的考评。例如，企业的笔试不仅会评估应聘者的通用能力，如逻辑推理、资料分析等，还会根据职位要求考查专业能力。公务员考试则更侧重于通用能力的测试，如行政职业能力测验和申论等。在全国硕士研究生招生考试中，政治、英语和数学等公共科目的考核是对通用能力的评估，而对专业课的考核则更具针对性。总的来说，无论是什么类型的笔试，理解其对专业能力和通用能力的考查方向和重点，都是制定有效备考策略的关键。

第一步：我们可根据自己的未来意向或者即将准备的一类笔试整理信息。整理信息的过程可以让自己更了解相关考试，对不熟悉的地方也可以及时查漏补缺，进行调整（表5-2）。

表5-2 笔试信息

类 别	公务员考试笔试	全国硕士研究生招生考试笔试	企业招聘笔试	出国留学笔试	其 他
考查内容/科目					

续表

类　别	公务员考试笔试	全国硕士研究生招生考试笔试	企业招聘笔试	出国留学笔试	其　他
常见题型					
侧重的能力（专业能力/通用能力）					
笔试特点					
复习技巧					

续 表

类　别	公务员考试笔试	全国硕士研究生招生考试笔试	企业招聘笔试	出国留学笔试	其　他
答题技巧					
备考渠道					
备考建议					
其他					

第二步：找到与自己笔试类型相同的参与者进行信息交换与分享，尤其是在答题技巧、复习技巧、备考渠道和建议方面。

第三步：把自己与他人分享的信息汇总，为自己的笔试备考设定更合理的计划安排。

案例研讨

案例一 逆境中的笔试：李雷的求职历程

李雷是一名计算机科学专业的应届毕业生，毕业于一个不太知名的大学。尽管他在学校里的成绩优异，编程能力强，但是由于求职目标不明确，盲目投简历，他在求职市场上一直未能得到理想的工作机会。随着校园招聘季的到来，李雷决定设一个明确的目标，他瞄准了梦寐以求的某顶尖互联网公司——××科技公司。

李雷知道，要想在求职者中脱颖而出，仅仅依靠学校成绩是远远不够的。他开始了紧张的准备工作，这包括对计算机基础知识的复习，对编程技能的提升，以及对软件开发的实践。他利用业余时间参与开发项目，希望能够通过实践增加自己的项目经验，同时在简历上增加亮点。

几周后，李雷收到了××科技公司的在线笔试邀请。他欣喜若狂，想要把握住这个展示自己能力的好机会。他得知，在线笔试的内容由两部分组成：选择题，主要考查计算机基础知识；编程题，需要在线编写代码解决实际问题。

李雷制订了复习计划，利用接下来的一周时间系统复习了计算机科学的核心知识，并对之前遇到的一些编程难题进行了深入研究。他也参加了一些模拟测验，以便熟悉考试的节奏和网络环境。

然而，就在笔试的前一天，李雷突遇家庭紧急情况，不得不回家处理。长途的奔波和心理的压力让他焦虑不安，复习计划被迫中断。回到家后，他尽力处理好家庭问题，但这让他几乎没有时间进行最后的备考。

笔试前夜，李雷坐在书桌前，感到前所未有的压力。他清楚地知道，第二天的笔试对他来说意义重大,但同时他也意识到,现在的自己并没有达到最佳状态。夜深人静,李雷决定放下所有的焦虑和紧张,他静下心来温习了最重要的知识点,并尽早休息,以确保第二天能以最佳状态参加笔试。

第二天,李雷凭借着坚强的意志力和坚定的决心,迅速调整好考试状态。选择题部分,他凭借扎实的基础和清晰的逻辑思维,一一解答。到了编程题部分,他面对难题,冷静分析,利用自己对数据结构和算法的理解,高效地编写出了解决问题的代码。

考试结束后,李雷虽然对自己的表现持乐观的态度,但内心深处仍没把握。几天的等待对他来说度日如年。终于,在一个阳光明媚的下午,他收到了××科技公司的通知——他通过了笔试,被邀请参加下一轮的面试。

这份成绩不仅是对李雷知识和能力的肯定,更是对他坚韧不拔、勇于面对逆境的精神的认可。这段经历教会了他一个道理:无论面临什么困难,都不应该放弃努力和希望。准备工作的重要性毋庸置疑,但即使在不利条件下,一个人的心态和应对挑战的能力仍是决定成功的关键要素。

这次笔试经历成了李雷职业生涯中的宝贵财富。他在××科技公司的面试中也表现出色,最终获得了梦寐以求的职位。而这一切,都始于那个充满挑战的笔试。

思考题:

1. 李雷在准备笔试的过程中遇到了哪些困难,他是如何克服这些困难的?

_____

_____

_____

2. 在笔试中,李雷遇到了哪些挑战?他是如何应对这些挑战的?

_____

3. 李雷的求职案例能给你什么启示?

案例二　小明与小亮的笔试之路

　　小明和小亮从小到大都是成绩不相上下的好朋友。他们一起奋斗，一起进步，同时考入了省重点高中，并成功进入了同一所心仪的大学，就读于工商管理专业。

　　然而，进入大学后，他们对学习的看法产生了分歧。

　　大学之前的考试都是注重对专业知识的考查，较少考查解决现实问题的能力和其他通用能力。小亮坚持认为考试是评价一个人专业知识和能力的最佳方式，所以大学四年期间他专注于专业理论知识的学习，目标是获得更好的排位和绩点。而小明则认为，笔试虽然重要，但实践经验和解决实际问题的能力同样重要。所以，他抽出大量的课余时间，积极参与实践、竞赛。毕业将至，他们面临真实的求职考验。

　　四年来，小亮在各类考试中都得到了很好的成绩，也很自信地参与到多家企业的应聘中。但他很快发现，好成绩成为他通过简历筛选进入初试的敲门砖，但到了笔试环节，他都遗憾落选。求职笔试除了考查专业知识，还注重对解决实际问题能力的考查。由于缺乏实践经验，小亮感觉有些力不从心。

　　大学期间，小明参与了多项竞赛，并在"互联网+""挑战杯""市场调研"等比赛中都取得过不错的成绩。从大二暑假开始，他先后去了两家企业实习。在真实的职业环境中,他增强了解决实际问题的能力。小明从大三开始,就关注了某几个企业的ID与UX设计师岗位,他开始像备战每次竞赛一样,仔细研究企业的公开招聘信息,并通过文本分析、生涯访谈等途径和方法,更加详细地了解企业的笔试、面试内容。特别是笔试时长、方式和题型等。他发现ID与UX设计越来越强调"设计需要体现出业务价值",对业务的熟悉被前置,这就要求设计师充分学习相关业务的基本业务逻辑、产品设计思路,能够参与需求定义过程,并通过设计策略产生业务价值。他认为,除了专业知识和能力的考核,笔试的通用能力部分,很可能会强调考查应聘者是否有较强的责任心,以及良好的团队协作能力、沟通能力、解决实际问题的能力等。

通过精心的准备,小明在众多竞选者中脱颖而出,获得了面试的机会。他最终得到了ID与UX设计师岗位管理培训生的录用通知书。

看到小明的成功,小亮开始反思自己最初对求职笔试的狭隘理解。他意识到,仅仅扎根在理论知识上还不够,还需要认真分析岗位,在实践中积累经验。

求职笔试不仅考查与岗位相关的理论知识水平,更考查能够在岗位上长期发展、成长所需具备的通用能力。

思考题:

1. 小明和小亮在大学期间的选择和努力有何不同?

_____
_____
_____
_____
_____

2. 小明和小亮在企业笔试中显示了什么差异?

_____
_____
_____

3. 小亮该如何改变?

思考题答案

实用工具

工具一　笔试高分字体口诀

笔试的字迹工整能够给阅卷人留下好的第一印象,以下是笔试高分字体口诀,按照口诀去实践才有用。

下压底线字不飘
字体占满三分之二
字字间距要均匀
大小一致更美观
横平竖直莫连笔
超出区间是大忌
思考清楚再下笔
遇错简单画一笔

工具二　相关网址链接

(1) 中国研究生招生信息网(https://yz.chsi.com.cn/):提供中国研

究生(硕士和博士)招生信息的在线平台。该网站为考生提供了全面的研究生招生信息和服务。

(2) 国家公务员局网站(http://www.scs.gov.cn/)：国家公务员局专门为准备参加中央机关及其直属机构考试的人员提供信息和指导的在线平台。该网站可帮助考生了解和准备公务员考试，以提高他们的考试成绩和录用概率。

第六章
就业准备——面试

知识结构图

面试作为一个双向交流的平台，让用人单位和求职者通过互动，促进了解，也是用人单位评估应聘者是否适合所申请职位的关键环节。它直接影响求职者是否能够获得工作机会。本部分对面试内涵、目的、主要面试类型等重点内容的理论框架进行了展示，结合实训内容，带领学生模拟完成面试的基本流程以及制作简历，同时通过实用工具为学生提供常见的面试问题及问题解析，帮助他们提升面试能力。

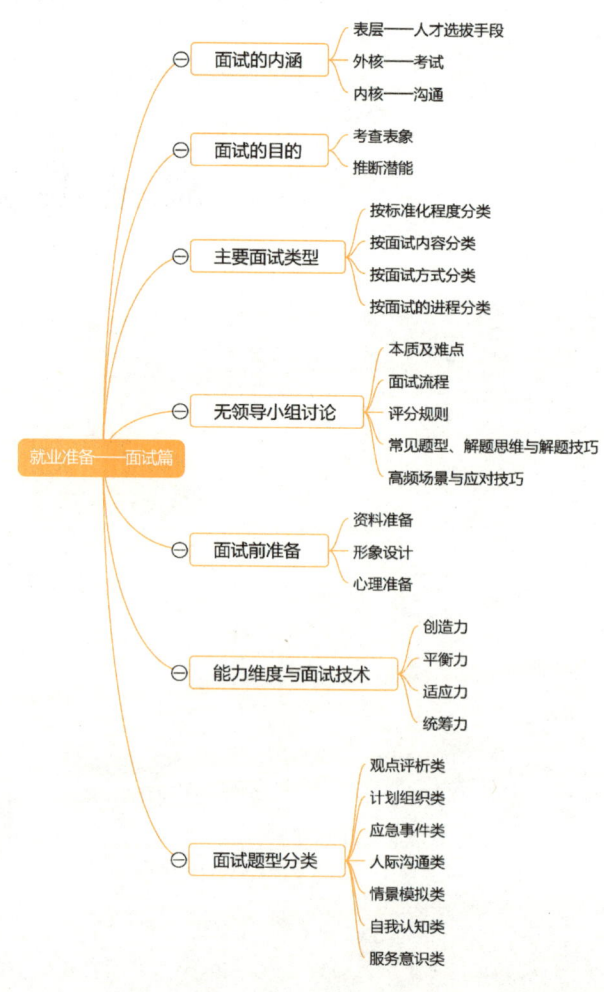

课堂实训

活动一　自我介绍

实训简介

　　自我介绍是正式面试的第一环节,通常要求求职者在3分钟以内,让面试官对自己有一个基本的认识。在求职面试中,求职者要突出自己与岗位的匹配,自我介绍的内容一般从以下几个部分展开:我是谁、做过什么、做成过什么、怎么做的、接下来想做什么。

实训目标

　　提高学生在面试过程中进行有效自我介绍的能力,确保自我介绍内容完整,条理清晰,能够在短时间内准确传达自己的背景和能力。学生要学会如何在自我介绍中突出自己与岗位的匹配度,强调专业能力和实习经验,还要锻炼英语沟通技巧。

实训步骤

　　第一步:我是谁。

　　对自己个人背景进行简要阐述,包括姓名、学历、专业,同时可以介绍自己的性格特点、与岗位相关的特长等。

_____

_____

_____

_____

_____

第二步：我做过什么。

从个人的实践经历和社会经验中，提取出相关的经历进行介绍。

_____
_____
_____
_____
_____

第三步：我做成过什么。

从相关实践经历和社会经验中，选择自己完成情况较好的部分进行重点介绍，以实际案例展示自己具备的工作能力。

_____
_____
_____
_____
_____

第四步：我是怎么做的。

如果实践经历的成果一般，可以将重点放在处理事情的方法上，向面试官展示自己的学习能力、工作能力和处事风格，增强说服力。

_____
_____
_____
_____
_____

第五步：接下来想做什么。

被录取后，将如何开展工作？向面试官展示自己对应聘岗位的初步工作计划及职业规划。

_____

_____

_____

_____

_____

对自我介绍的基本内容进行梳理后，可以分小组进行讨论，每人依次进行3分钟的自我介绍，小组成员进行点评，并给出改进建议，看看自我介绍部分还有哪些可以提升的地方。

注意事项：有一些外企可能会要求求职者进行英文自我介绍，在面试前应提前了解，做好准备。

英文自我介绍：

_____

_____

_____

_____

_____

实训点评

学生的实际情况和展示技巧存在差异，要确保自我介绍内容完整，条理清晰，能够在短时间内准确传达自己的背景和能力。学生应该基于自我介绍的要求进行更多的练习和准备。

活动二 模拟面试场景

实训简介

面试不仅要考查学生的相关的专业知识和技能,同时也测试求职者的临场应变能力和语言表达能力。学生分组模拟面试场景,每人依次扮演应聘者,其他成员扮演面试官。

实训目标

学生通过模拟面试,可以识别个人在自我表达、沟通方式、专业知识方面的优势和不足,为后续的个人发展提供明确的方向;可以获得评委或同伴的即时反馈,这有助于识别和处理自己在真实面试中可能遇到的问题。

实训步骤

第一步:选取与自己专业相关的岗位,分组模拟面试场景,每人依次扮演应聘者,其他成员扮演面试官。面试官根据应聘者的表现现场打分,如表6-1所示(注:面试评分表中的面试要素及要点具有一般性,根据不同的公司背景和岗位要求可做具体调整)。

表6-1 面试打分表

姓名		性别		年龄		应聘职位		籍贯	
毕业院校			专业				工作年限		
面试要素		面试要点		评分标准				得分	
				优秀	良好	一般	差		
举止仪表		仪表端正,装扮得体,举止有度		7—8	5—6	3—4	0—3		
对本职位的准备情况		对本公司做过初步了解,面试经过精心准备;面试态度认真;待遇要求合理		7—8	5—6	3—4	0—3		
综合能力	自我认知能力	能准确判断自己的优势、劣势,并针对劣势采取弥补措施		4	3	2	1		
	沟通表达能力	准确理解他人意思;有积极主动沟通的意识和技巧;用词恰当,表达流畅,有说服力		5—6	4	3	0—2		

续 表

综合能力	分析能力	思路清晰,富有条理;分析问题全面、透彻、客观	5	4	3	0—2
	应变能力	在有压力状况下,思维反应敏捷;情绪稳定;考虑问题周到	4	3	2	1
	执行力	在任何情况下都能服从领导的工作安排,全力以赴完成工作任务	5—6	4	3	0—2
综合素质	可塑性	拥有较强的学习能力;能理性接受他人的观点;对他人、他事无成见	5—6	4	3	0—2
	情绪稳定性	在特殊情况下(如面对较大的压力、被冤枉、被指责)能保持情绪稳定,不会有极端言行	5	4	3	0—2
	求职动机	需要生存?自我提高?自我实现?职业规划?	3	2	1	0
	主动性	找借口还是找方法?工作方法灵活多样	6—7	4—5	2—3	0—1
	服从性	能服从自己不认可的领导;能接受工作职责外的任务	6—7	4—5	2—3	0—1
	团队意识	过去自认为骄傲的经历中有团队合作事项;能为团队做出超越期望值的付出	6—7	4—5	2—3	0—1
职位匹配	经历	是否经常换工作,平均每份工作时间最少应该超过一年	4	3	2	1
	性格	自信、谦和、积极乐观、心态成熟、性格与岗位要求相匹配	5	4	3	0—2
	专业背景	所学是否为相关专业;有无相关工作经验	4	3	2	1
	对本职位的认识	了解本职位的工作内容和工作方式,能预见并接受可能出现的困难	5	4	3	0—2

续　表

职位匹配	对本企业的认同程度	对以前企业和老板的态度；是否认同行业和公司未来的前景，是否认同公司的文化和管理方式	5—6	4	3	0—2
评分总分						
评语及录用建议						
面试人	（签字）		日期：　年　月　日			

第二步：面试常见问题。

面试官为进一步了解面试者，会进一步提出问题。以下是求职面试过程中常见的问题：

（1）请说说你的优缺点有哪些？

（2）你平时有什么兴趣爱好？

（3）你认为自己最得意和失意的经历是什么？

（4）如果公司聘用你，你准备如何开展工作？

（5）你选择我们公司的原因有哪些？

（6）你如何看待义务加班？

（7）相比其他面试者，你的独特优势在哪里？公司为什么要录用你？

（8）你的老师和同学是如何评价你的，以及你如何评价对方？

（9）你如何看待"先就业再择业"这一说法？你是如何面对就业选择的？

（10）请描述一下这样一个经历：你使别人参与、支持你的工作，并最终达到了预期目的。

（11）你当前选择工作的出发点是什么？

（12）最近一年，你做了哪些事情来提高自己？

（13）你觉得你在大学所学的知识对你的工作有何作用？

(14) 工作中什么事会让你失望?

(15) 谈谈你在压力下的工作能力?

(16) 请你讲出你在团队工作背景下遇到的最具有创造性和挑战性的事情。你用什么方法来鼓励他人和你完成这件事?

实训点评

通过模拟面试,学生可以了解自己面试表现的优缺点,方便后续在自我表达、沟通方式、专业知识等方面进行针对性改善。

活动三 无领导小组讨论

实训简介

无领导小组讨论是将多名应聘者临时组成一个团队,给出一个问题,要求团队按照一定程序,在规定时间内进行讨论,并给出一个统一结论。这是综合考验应聘者解决问题、团队合作、沟通表达和个人品质等综合素质的一种方法。

实训目标

模拟无领导小组讨论,可以锻炼学生的团队合作、沟通协调、问题解决和领导能力,增强在集体决策环境中的有效表达和协作水平。

实训步骤

第一步:流程介绍。

(1) 阅读思考题目。应聘者就位后,面试官介绍需要讨论的问题或分发相应纸质资料。应聘者在此期间可以围绕问题进行思考。

(2) 个人陈述。每位应聘者依次发表自己的观点,时间在 2—3 分钟。

(3) 小组讨论。团队就题目进行自由发言讨论,最后形成一个统一结论,时间通常在 30—40 分钟。

(4) 总结陈词。小组推荐一位成员,在规定时间内总结小组讨论情况,并介绍讨论的结果,时间通常在 3 分钟。

第二步:真题模拟。

假设你在国外工作,是某公司的业务员,现在公司派你去偏远地区销毁一卡车的过期面包(不会致命,无损于身体健康)。在行进的途中,刚好遇到一群饥饿的难民堵住了去路,因为他们坚信你所坐的卡车里有能吃的东西。这时报道难民动向的记者也刚好赶来。对于难民来说,他们肯定要解决饥饿问题;对于记者来说,他要报道事实;对于你(业务员)来说,你要销毁面包。现在要求你既要解决难民的饥饿问题,让他们吃这些过期的面包(不会致命,无损于身体健康),以便销毁这些面包,又要不让记者报道这一情况?请问你将如何处理?

说明:① 面包不会致命;② 不能贿赂记者;③ 不能损害公司形象。

请同学们以 10—15 人为一小组,按照无领导小组流程进行讨论。

1. 个人观点

2. 其他人的观点及意见

3. 小组统一结论

_____

_____

_____

_____

_____

_____

实训点评

无领导小组讨论要想更加有序、高效地进行，小组成员的沟通、分工协作、时间安排、达成共识非常重要，需要学生具备良好的沟通能力与团队合作能力。

拓展练习

制作简历

练习目的

通过练习，了解简历制作的要点，并能根据求职单位情况制作适合的简历。

练习步骤

简历是求职者向用人单位介绍个人有关情况的书面信息。应届生求职简历主要包括六要素：个人信息、求职意向、教育背景、社会实践、校园经历、技能/证书。

1. 个人信息

简历的个人信息部分通常包括姓名、出生年月、性别、籍贯、政治面貌、联系方式等。需要强调的是联系方式一定是求职者最新的联系方式且书写正确,包括电话和电子邮箱等,而且应写在醒目位置。此外,建议附上求职者的标准简历照,切勿使用生活照、大头照或是不能体现求职者原本面貌的照片。

2. 求职意向

用人单位需要了解求职者明确的求职意向,求职者应该简明扼要地说明正在寻求的职位,并展示职业目标,不要添加过多的描述。

3. 教育背景

教育背景包括毕业时间、院校专业、学历和教育描述等。教育描述部分,应届生可以针对自己的研究方向、主修课程、辅修课程、研究项目、成绩排名等,根据目标职业要求择优介绍。

4. 社会实践

一般来说,应届毕业生缺乏实际工作经验,所以其在校期间的社会实践经历是用人单位重点关注的部分。社会实践经历包括实习经历等,介绍时要主次分明,将重要的写在前面。对社会实践经历的描述要注重真实性,切忌随意编造。

5. 校园经历

校园经历包括在校的学生工作、竞赛经历、社团活动经历以及奖励情况等。简历中要标明参加的时间和活动的级别。求职者可以挑选具有一定含金量、重要的经历进行介绍,突出关键词,以数字和成果为导向,证明自己的个人素质和潜力。

6. 技能/证书

职业技能项主要指技能描述,可填写求职者的语言能力、相关专业技能以及取得的相关证书等。对于应届毕业生而言,职业技能通常包含语言技能、计算机技能以及与应聘职位相关的专业技能。

了解了简历的六要素,下面请试着制作一份自己的求职简历,完成后与同学们进行讨论,分享改进的建议(图 6-1)。

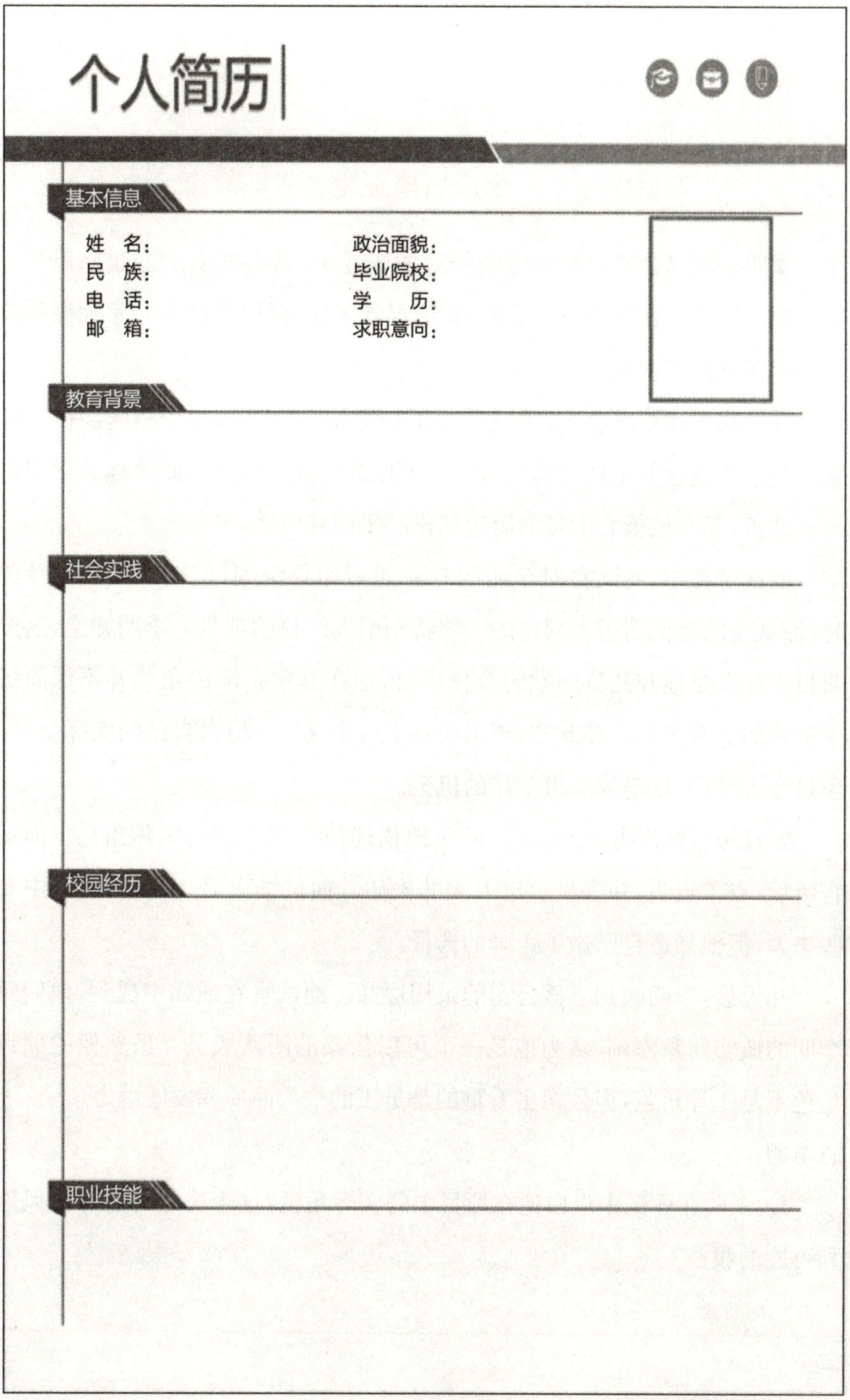

图 6-1 个人简历

案例研讨

案例一　一个应届毕业生的求职故事

李明是一名计算机科学专业的应届毕业生,具有扎实的专业知识和一定的项目经验。在毕业季,他开始积极寻找工作,目标是进入一家大型科技公司担任软件工程师。

在一次校园招聘会上,李明看中了一家知名科技公司的招聘职位。这家公司以其优越的工作环境、优厚的员工福利和技术创新而著称。李明做足了准备,带着他精心准备的简历和作品集前往应聘。

面试过程中,面试官对李明的专业能力印象深刻,但在谈到项目经验时,面试官问及他简历上列出的一项特别引人注目的项目。李明知道,这个项目实际上是他和几位同学的合作项目,他在其中扮演的角色并不像简历中描述的那么重要。在此刻,李明面临了一个选择:坦白自己的实际贡献,还是夸大其词,以增加获得工作的机会。

经过短暂的思考,李明决定诚实地描述他在项目中的实际角色。面试官听后,点了点头,并未显示出太大的失望。面试结束后,李明虽然心中有些忐忑,但他知道自己做了正确的选择。

几天后,李明收到了该公司的录用通知。面试官在通知中提到,他们对李明的诚实印象深刻,认为他是一个可以信赖的团队成员。虽然他的项目角色不是主导角色,但公司更看重的是员工的个人品质和发展潜力。

思考题:

1. 李明在面试中坦白他在项目中的实际角色,这个决定背后有何风险和可能的收益?

_____

_____

_____

2. 如果李明没有被公司录用,他的诚实态度会不会仍然是正确的?

3. 即使李明在项目中不是主导角色,公司为什么还重视他的诚实态度?

思考题答案

案例二 简历之差引求职之变

张小玲和李小华是同一所大学的毕业生,他们都在人力资源管理专业取得了优秀的成绩并具备一定的相关实习经验。正值校招季,两人开始投简历并进行面试准备。

小玲发现,她精心准备的简历给招聘人员留下了深刻的印象。她很快受到多家公司的邀请参加面试,并在面试过程中展现出自己的才华和自信。最终,她顺利获得了一家知名公司的市场营销职位,并且得到了较好的工资待遇(图6-2)。

张小玲

📞 1355555×××× ✉ 123××××@163.com
⚥ 女　🎖 中共党员
💼 人力资源管理、行政管理

教育经历

成都理工大学 双一流　　　　　　　　　　　　　　2020年09月 — 2024年07月
人力资源管理 本科

获奖情况:校级优秀学生干部、校级优秀志愿者

实践经历

XX工程有限公司　　　　　　　　　　　　　　　　2023年07月 — 2023年09月
人力资源实习生

● **信息维护**:精细化分类梳理项目人员需求明细,端到端建立人才储备库,日常维护公司在平台网站的招聘信息,收集求职者资料2k+份,经过严格筛选后向上汇报合适应聘者简历,建立公司人才信息屏障;

● **招聘管理**:负责公司招聘期间全流程补位工作,如协调领导日程安排、发布候选人面试通知、面试现场布置、办理入职材料等模块。在职期间为公司10余个岗位筛选提供合适人选并协助其完成入职手续,锻炼较强的沟通协调及主动自驱力。

XX投资公司　　　　　　　　　　　　　　　　　　2023年09月 — 2023年12月
行政管理岗实习生

● **政府对接**:快速响应上级工作指示,高效对接工商行政管理部门相关负责人,在30天内配合拿到公司新项目营业执照,推进工程项目公司顺利成立,积累政府关系资源,形成结果导向思维;

● **财务管理**:负责日常财务单据整理记录工作,规范管理收支台账,长期保持0错误率,同时协助改写各种合同20余份,获得领导认可。

校园经历

管理科学学院学生会　　　　　　　　　　　　　　2022年09月 — 2023年06月
副会长

● **外联引资**:统筹策划校内各类活动赛事,主动联系意向商家,为活动拉取赞助1.2w,完成价值转化;

● **活动策划**:作为副会长负责组织策划10余场院内大中型活动,打造多维度活动引爆点,统筹协调5个部门进行活动宣传、案场布置以及维护等核心模块;

● **学生工作**:统筹组织学生会2年的招新工作,在全校范围内多维度推广发布招新信息,策划招新流程,完成候选人面试筛选。

技能/证书及其他

● **技能**:熟练运用office办公软件及SPSS数据分析软件,具备较强的文案撰写能力

● **证书/执照**:计算机二级,英语6级

图6-2　小玲简历

然而,小华的简历没有引起招聘人员的关注,得到的面试机会也相对较少。尽管他投出了很多份简历,但大多石沉大海,在招聘高峰期错过了很多机会。最终,他只能勉强接受一家公司的普通职位,并且薪资待遇较低(图6-3)。

李小华
1344444×××× | 123××××@163.com | 江西南昌
男 | 共青团员

教育经历

成都理工大学　　　　　　　　　　　　　　　　　2020年09月 — 2024年07月
人力资源管理 本科
相关课程:管理学、人力资源管理、战略管理、组织行为学、管理信息系统、劳动法

实践经历

XX科技公司　　　　　　　　　　　　　　　　　　2023年07月 — 2023年09月
营销管理培训生
1.负责所在区域客户的开发与维护,维护区域内20余家门店的客情;
2.协调门店与机构资源,根据门店优劣势执行相应的营销策略,设计区域市场活动。达成销售目标;
3.管理与招聘门店内导购,管理区域内5个专职导购,16个兼职导购。

XX公司　　　　　　　　　　　　　　　　　　　　2023年09月 — 2023年12月
人力资源专员实习生
1.维护并扩大招聘渠道,发布、更新职位信息;
2.跟踪、评估各类人才库的使用情况,更新和维护人才储备库;
3.收集候选人的简历,做好简历的初步筛选,预约、安排面试。

校园经历

礼仪社
部长
1.策划参加校园各类大型活动,提高自身形象及自身修养,获校领导、老师、同学等的一致好评;
2.负责社团的日常管理及安排,主导社团招新流程。

志愿者协会
干事
参与敬老院慰问活动,与团队定期去养老院慰问孤寡老人,给老人们带去了温暖

技能/证书及其他

- **技能**:PowerPoint,Excel,Word,文案撰写
- **语言**:英语(CET-6)
- **活动**:公众号运营

荣誉奖项

优秀共青团员　　　　　　　　　　　　　　　　　　2022-12
专业二等奖学金　　　　　　　　　　　　　　　　　2023-12

图6-3 小华简历

思考题：

1. 仔细看看小玲和小华的简历，你能发现哪些问题？

_____
_____
_____
_____
_____
_____
_____

2. 对比小玲和小华的简历，请谈一谈自己的收获。在简历编写过程中，哪些地方是应该注意的？你的简历还可以怎样优化？

_____
_____
_____
_____
_____
_____
_____
_____
_____

思考题答案

实用工具

常见面试问题及解析

招聘中的 DISC 测评

1. 面试前

（1）心理准备：在面试前做好心理准备，良好的求职心态能够帮助我们冷静应对，用更好的状态迎接面试。

① 积极的心理暗示。

积极的心理暗示能够帮助我们构建自信心，不要过多地设想一些消极的场景，比如"我的应变能力很差，可能回答不好面试官的问题"。多告诉自己能行，在面试进场前在心里默念自己是最棒的。

② 客观的自我评价。

压力多来自我们对自身的期待，当自我评价过高时，会更多专注于最终结果而忽略面试过程中自身状态的调整。当自我评价过低时，会让我们自我怀疑，在面试过程中自信心大大降低。面试前，我们要对自身进行客观评价，观察自身的状态，对自己充满信心，沉着应对。

③ 双向选择的心态。

招聘是用人单位和应聘者之间的双向选择。我们不应该将面试视为用人单位单方面对我们的审查，而完全讨好对方。面试也是我们考查用人单位的一个途径，要保持不卑不亢的态度，不论对方给的条件过高或是过低，都要表现出冷静的情绪，给面试官留下好的印象。

(2) 其他准备。

① 了解相关信息：面试前，我们要详细了解面试单位及岗位信息，包括单位所在行业信息、面试单位的业务和产品、面试岗位信息；要重点关注个人与岗位的适配度，要知晓岗位职责；了解岗位所在部门构架。

② 面试着装。

面试服饰的选择应该显得端正大方，精明干练。女生在面试时可以穿着过膝套裙，或衬衫与长裤；男生面试可以选择正式一些的夹克或者休闲商务装。避免太过艳丽的颜色，款式简单大方，自然朴实，衣物整洁。

妆发搭配上，女生长发应扎马尾，避免披头散发，发色五颜六色。面试时适宜化淡妆，给人清新、大方、有活力的感觉，佩戴饰品要少而精。男生宜短发，面部干净，建议不要留胡须、佩戴配饰。

2. 面试中

(1) 面试礼仪。

面试当天，最好提前 10—15 分钟到达面试地点。在等候面试的过程中需要将手机调至静音或者震动状态，保持安静，不要来回走动，也不要与其他面试者聊天,耐心等待自己的名字被叫到,不要擅自走进面试房间。

(2) 善用非语言沟通。

应聘者在面试中不应忽视非语言沟通,包括表情、目光、动作等。应聘者从进入面试场起到离开面试场为止,面试全程都应保持真诚的微笑。目光的交流十分必要,但应避免长时间盯着一个人看;同时,要避免眼神飘忽、偷瞄别人或目中无人。面试不是演讲,不宜有过多的手势,不要做下意识的小动作,如乱摸头发、玩弄钢笔等。

3. 面试结束

(1) 如何进行薪酬谈判。

薪酬谈判要基于自身能力,展现自身价值,因此在谈判过程中要注意调整心态,保持自信。在薪酬谈判前,首先要了解岗位的平均薪资以及目标公司的薪资水平。在谈判过程中,面试官可能会通过其他福利待遇来分散你的注意力,因此应聘者要了解公司的薪酬结构,全面把握薪资情况。

(2) 如何回答"你还有什么问题要问我吗"这个问题。

当被问到这个问题时,我们一定要把握住提问的机会,这不仅能够进一步了解该岗位是否适合自己,同时也能表现出自己对这个岗位非常有兴趣。回答这个问题可以围绕三个方面:

① 团队和公司文化。

示例问题:

A. 该公司的企业文化是怎样的?

B. 能够介绍一些关于这个岗位所在团队的信息吗?

C. 您认为在这里工作需要面对的最具有挑战性的事情是什么?

② 培训与发展。

示例问题:

A. 公司是否会提供职业培训,一般都有哪些类型?

B. 该岗位的职业晋升通道是什么样的?

③ 后续流程。

示例问题:

A. 面试结束后还需要进行哪些招聘流程?

B. 我应该通过什么渠道获取面试结果？

（3）面试官的哪些举动暗示你可能通过了面试（看、听、问）。

如果能够揣摩到面试官的心思，那我们的面试就可以做到事半功倍；反之，也可能会因为没有读懂面试官的潜台词而错失机会。

我们怎样才能读懂面试官的心思呢？

① 看。面试时间越长，你被对方看中的可能性越大。因为面试官每天都要马不停蹄地面试很多人，所以，他们的时间很紧张。在这种情况下，如果面试官愿意花费较长的时间跟你沟通，那就说明你打动他了，因为他是不会轻易浪费时间的。

还看面试官的面部表情和肢体语言。如果面试官能够保持微笑，能够频频点头来回应你，那说明面试官是比较认可你的一些言论和观点的（当然，也不排除是一种礼貌性的互动）。如果面试官在座位上频频更换坐姿，那说明他可能有些不耐烦，对你的表现不是很满意。

② 听。从面试官对你提问的口吻，以及解答你问题的语气，可以判断对方是否有耐心，是否认可你。假设对方问话时是一副心不在焉的样子，那就说明对方可能对你没有足够的兴趣。如果对方解答你的提问，避重就轻，很不耐烦，而且语气也很机械，那说明对方可能不愿意再继续聊下去了。如果对方积极专业地提问，且热情耐心地解答，那就说明对方对你是有好感的。

我们还要听面试官主动讲解相关内容。如果面试官在你并没有问及的前提下，主动跟你讲公司的概况，公司的发展愿景，你应聘这个岗位的具体工作内容及应该如何开展工作，等等，说明面试官可能已经相中你了。面试官之所以主动告知你这些，是因为他想让你入职后可以更快地上手工作，不会因为不了解相关的情况而遇到阻碍。

③ 如果面试官问你的具体薪资要求，确切的入职时间，工作计划，发展期望，等等。那说明他对你是满意的。如果不问这些问题，也不一定就是没有机会，只是可能性会小一些。

第七章
创业指导

知识结构图

　　创业是就业之外的另外一种职业选择。本部分对创业的内涵与特征、核心要素、过程等重点内容的理论框架进行了展示，结合课堂实训、拓展练习、案例研讨、实用工具，激发学生的创新创业意识，帮助学生学习如何正确分析创业环境，撰写计划书，把握创业机会，规避创业风险。

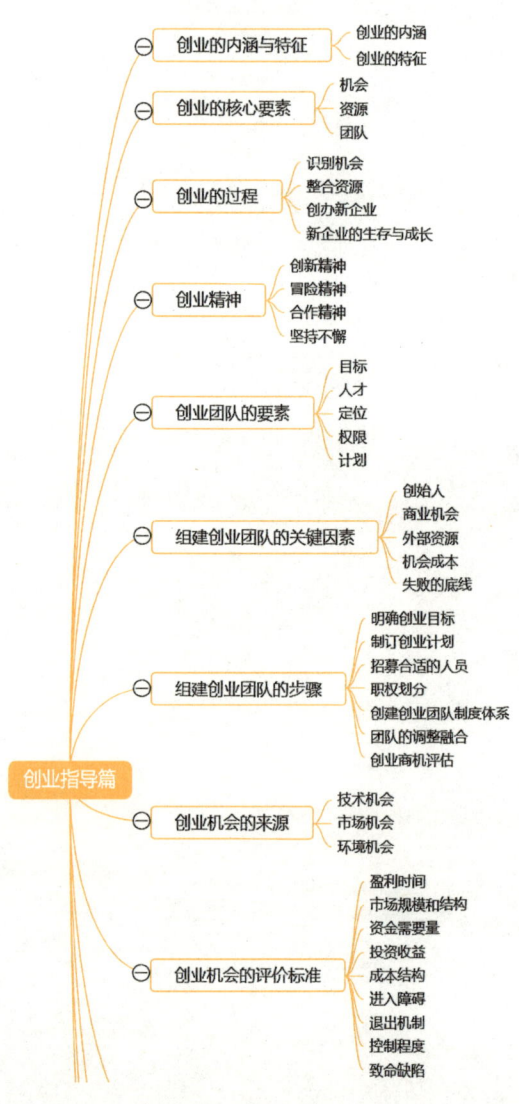

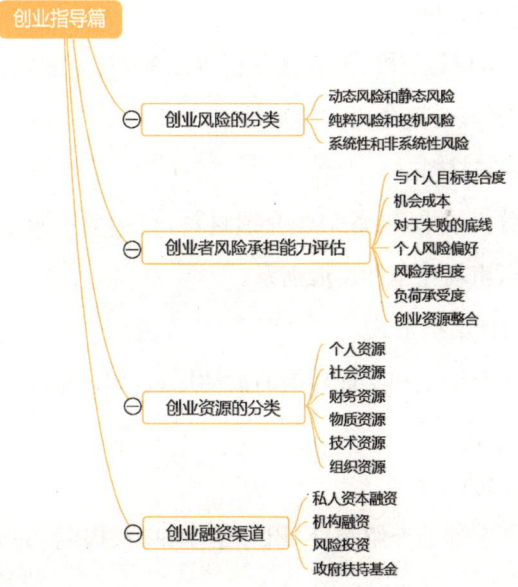

课堂实训

介绍你所熟知的企业

实训简介

学生收集与整理自己所熟悉的企业的相关资料,然后从公司的环境、公司的竞争力、公司的发展前景等各个方面进行详细介绍。

实训目标

本活动旨在帮助学生深入了解企业的经营和管理实践,通过研究具体案例,学习成功企业的经营策略和管理经验,激发创业思维和创新能力,为未来的职业生涯发展打下坚实的基础。

实训步骤

第一步:选择企业。

学生根据实训要求,挑选知名或具有行业代表性的企业,涵盖国际大公司和本地创业成功的企业的案例。

第二步:收集信息。

学生通过媒体报道、公司公开资料等渠道,搜集目标企业的详细信息。

第三步：数据分析。

学生采用SWOT分析、价值链分析等工具，对企业的信息进行整理和深入分析，识别其核心竞争力和市场地位。

第四步：编制材料。

学生基于分析结果，准备企业介绍材料，包括但不限于公司背景、发展历程、产品服务、市场竞争和发展前景。

第五步：设计活动形式。

教师确定适合学生和实训目的的活动形式，如讲座、小组研讨或团队演讲等。

第六步：活动实施。

教师按照既定计划介绍企业，引导学生讨论、提问，并分享彼此的见解和观点。

实训点评

（1）讨论总结：活动结束后，整理学生的问题、讨论要点和分享内容，评估其对企业理解的深度和广度。

（2）反馈评估：收集学生对实训活动的反馈，评估其是否达到了预定的学习目标和效果。

（3）改进提案：根据反馈和总结，提出改进活动的方法，为未来的实训活动优化提供依据。

拓展练习

练习一　创新思维探索[①]

练习目的

通过训练，启发个人思考能力，并锻炼创新思维。

---

① 丁斌. 创新创业实战教程[M]. 北京：机械工业出版社，2021.

练习步骤

人的思维方式,并不是天生的,可以通过训练改变。要提高自己的创新思维能力,我们可以从以下几个方面进行训练(图 7-1)。

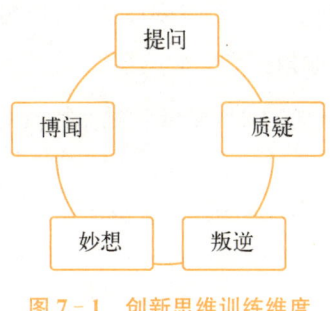

图 7-1 创新思维训练维度

1. 提问

好奇心是科学家最突出的特征,也是创新的起点。遇到事情,打破砂锅问到底,往往能发现问题、启发思考,这是训练创新思维的第一步。

小训练:你面前有一把椅子,为什么不坐?请找出 10 条的理由。

_____
_____
_____
_____

2. 质疑

对于任何事情,不要认为都是理所当然的,要提出自己的质疑。

小训练:新房装修,一般家庭的客厅都要做电视墙、摆上沙发,你可以质疑:有这个必要吗?

_____
_____
_____

3. 叛逆

叛逆就是逆向思维，换一个角度看问题，这正是创新思维的特征。比如一般的雨伞，开口都是朝下。有人就要反过来，把雨伞做成开口朝上（反向开伞），很适合开车的人使用。

小训练：当你还是小孩子时，父母反对你打游戏，你会选择把电子竞技当作自己的职业吗？

_____

_____

_____

_____

4. 妙想

妙想就是一些奇妙的想法，比如能飞的汽车、时空穿梭机等。诸如此类的奇思妙想，虽然有些现在还不能实现，但随着科技的进步，也许有一天真的能成为现实。

小训练：重新思考你小时候想象过的东西，如今已经实现了吗？你近期出现的想象是什么，你觉得会实现吗？

_____

_____

_____

_____

5. 博闻

仅有提问、质疑、叛逆、妙想，还是不够的，如果缺乏相关的知识、经验，认知能力不足，还是不能拥有创新思维。因此，我们需要博闻，广泛阅读各种科技、人文等书籍，参加社会实践，和不同背景的人交流。这样在遇到新问题时，大脑的知识库中就会有很多的奇思妙想闪现，迸发出与众不同的金点子。

小训练：人是应该博学多识，还是专攻一个方面呢？

_____
_____
_____
_____

练习二　创业机会分析

练习目的

通过练习，学生应掌握创业机会评估的方法，了解降低创业风险和成本的途径。

练习步骤

评估创业机会是创业过程中具有关键意义的环节，创业机会分析可以降低创业风险和减少失败，创业机会分析工具分为定性和定量两类。

1. 定性评价方法

（1）史蒂文森法。

① 机会的大小随时间成长的进度问题。

② 潜在的利润能否足够弥补资金、时间和机会成本的投资，并带来令人满意的收益。

③ 创业机会是否具有衍生性的可能。

④ 在可能的障碍面前，收益能否持久。

⑤ 产品或服务是否真正满足了真实的需求。

（2）朗阁内克法。

① 产品或服务有明确的市场需求，推出的时机也恰当。

② 产品或服务必须能够维持持久的竞争优势。

③ 创业机会必须具有一定程度的高回报。

④ 创业者和创业机会之间必须相互适合。

⑤ 创业机会不存在致命缺陷。

2. 定量评价方法

(1) 标准打分矩阵法。

选择对创业机会有重要影响的因素,并由相关专家对每一个因素进行打分,最后求出每个因素在各个创业机会下的加权平均分,从而对不同的创业机会进行比较。

这些评价指标包括易操作性、广告潜力、市场接受度、资本增加的能力、投资收益、专利权状况、市场容量大小、制造的简单性、质量和易维护性、成长的潜力等。在实际应用中,我们可以根据具体情况选择其中的全部或者部分因素,或者增加其他因素进行评估。具体如表7-1所示。

表7-1 标准打分矩阵

标准	专家评分			
	很好(3分)	好(2分)	一般(1分)	加权平均分
易操作性				
广告潜力				
市场接受度				
资本增加的能力				
投资收益				
专利权状况				
市场容量大小				
制造的简单性				
质量和易维护性				
成长的潜力				

在利用标准打分矩阵法评价创业机会的实际应用中,我们要注意三点:第一,根据具体情况选择合适的因素进行评估;第二,认真选择打分专家,建议选择具有丰富的实际经验或者专业技术能力的专家;第三,在评估创业机会的时候,常常需要对不同的机会进行比较。标准打分矩阵法比较适合创业者对已识别到的不同创业机会进行比较。

(2) 蒂蒙斯的创业机会评价体系①。

蒂蒙斯的创业机会评价框架,涉及行业与市场、经济价值、收获条件、竞争优势、管理团队、致命缺陷问题、创业家的个人标准、理想与现实的战略性差异八个方面的53项指标(表7-2)。通过定性或定量的方式,创业者可以利用这个体系模型对行业与市场等问题做出判断,来评价一个创业项目或创业企业的投资价值与机会。

表7-2 蒂蒙斯创业机会评价表

评价项目	评价指标
行业与市场	1. 市场容易识别,可以带来持续收入
	2. 顾客可以接受产品或服务,愿意为此付费
	3. 产品的附加价值高
	4. 产品对市场的影响力高
	5. 将要开发的产品生命长久
	6. 项目所在的行业是新兴行业,竞争不完善
	7. 市场规模大,销售潜力为1 000万—10亿元
	8. 市场成长率为30%—50%,甚至更高
	9. 现有厂商的生产能力几乎完全饱和
	10. 在5年内能占据市场的领导地位,达到20%
	11. 拥有低成本的供货商,具有成本优势

---

① 王丽萍. 大学生职业规划与就业创业指导[M]. 上海:上海交通大学出版社,2019. 有改动。

续 表

评价项目	评价指标
经济价值	1. 达到盈亏平衡点所需要的时间为1.5—2年
	2. 盈亏平衡点不会逐渐提高
	3. 投资回报率在25%以上
	4. 项目对资金的要求不是很大,能够获得融资
	5. 销售额的年增长率高于15%
	6. 有良好的现金流量,能占到销售额的20%—30%
	7. 能获得持久的毛利,毛利率要达到40%
	8. 能获得持久的税后利润,税后利润率要超过10%
	9. 资产集中程度低
	10. 运营资金不多,需求量是逐渐增加的
	11. 研究开发工作对资金的要求不高
收获条件	1. 项目带来的附加价值具有较高的战略意义
	2. 存在现有的或可预料的退出方式
	3. 资本市场环境有利,可以实现资本的流动
竞争优势	1. 固定成本和可变成本低
	2. 对成本、价格和销售的控制力较强
	3. 已经获得或可以获得对专利所有权的保护
	4. 竞争对手尚未觉醒,竞争力较弱
	5. 拥有专利或具有某种独占性
	6. 拥有发展良好的网络关系,容易获得合同
	7. 拥有杰出的关键人员和管理团队
管理团队	1. 创业团队是一个优秀管理者的组合
	2. 技术经验达到了本行业内的最高水平
	3. 管理团队的正直廉洁程度能达到最高水平
	4. 管理团队知道自己缺乏哪方面的知识

续 表

评价项目	评价指标
致命缺陷	不存在任何致命缺陷
创业家的个人标准	1. 个人目标与创业活动相符 2. 创业家可以在有限的风险下成功 3. 创业家能接受薪水减少等损失 4. 创业家渴望创业这种生活方式,而不只是为了赚大钱 5. 创业家可以承受适当的风险 6. 创业家在压力下状态依然良好
理想与现实的战略性差异	1. 理想与现实情况相吻合 2. 管理团队已经是最好的 3. 在客户服务管理方面有很好的服务理念 4. 所创办的事业顺应时代潮流 5. 所采取的技术具有突破性,不存在许多替代品或竞争对手 6. 具备灵活的适应能力,能快速地进行取舍 7. 始终在寻找新的机会 8. 定价与市场领先者几乎持平 9. 能够获得销售渠道,或已经拥有现成的网络 10. 能够允许失败

(3) 巴蒂的选择因素法。

这种方法通过对 11 个因素的回答来对创业机会进行判断,如表 7-3 所示。

表 7-3 巴蒂的选择因素法

选择因素	内容
1. 这个创业机会在现阶段是否只有你一个人发现?	
2. 初始的产品生产成本是否可以接受?	

续 表

选 择 因 素	内 容
3. 初始的市场开发成本是否可以接受?	
4. 产品是否具有高利润回报的潜力?	
5. 是否可以预期产品投放市场和达到盈亏平衡点的时间?	
6. 潜在的市场是否巨大?	
7. 你的产品是否是一个高速成长的产品家族中的第一个成员?	
8. 你是否拥有一些现成的初始用户?	
9. 是否可以预期产品的开发成本和开发周期?	
10. 是否属于一个成长中的行业?	
11. 投资界是否能够理解你的产品和顾客对它的需求?	

回答完这11个问题之后,如果某个创业机会只符合其中的6个或更少,创业机会就很可能不可取;相反,如果某个创业机会符合其中的7个或以上,那么这个创业机会将有很大价值。

3. 具体项目可行性分析

创意项目名称:数字生命生态系统

项目简介:

数字生命生态系统是一个基于虚拟现实和人工智能技术的数字生命形式的生态系统。该生态系统将由多个数字生命体组成,这些数字生命体将拥有自己的生命特征和行为习惯,能够与其他数字生命体互动和影响彼此。在该生态系统中,数字生命体能够自我繁殖、进化和适应环境。通过应用人工智能技术,数字生命体将能学习和适应环境,从而产生越来越复杂的行为和交互。数字生命体也将与人类互动,通过虚拟现实技术,让人类可以亲身体验数字生命的生态系统,与数字生命体进行互动和交流。该项目计划通过出售数字生命体的虚拟现实体验,以及为数字生命体提供智能化的学习和进化能力的软件,来获得收益。

项目的特点包括:

(1) 自我进化:数字生命体将能自我进化和适应环境,学习新的行为,从而使整个生态系统更加复杂和有机。

(2) 人工智能技术:该生态系统将应用最先进的人工智能技术,为数字生命体提供智能化的学习和适应环境的能力。

(3) 与人类的互动:通过虚拟现实技术,人类可以亲身体验数字生命的生态系统,并与数字生命体进行互动和交流,从而加深人类对于数字生命的理解和认识。

请你结合定性和定量的方法评估该项目的可行性:

_____

_____

_____

_____

_____

练习三　创业计划书撰写[①]

练习目的

通过训练,学生可以熟悉创业计划书撰写的内容和方法。

练习步骤

创业计划书是创业者在选择创业目标后、在成立企业之前编写的文件。它综合描述了初始资源、内外环境和相关要素,通常包括执行摘要、项目背

---

① 赵新,黄新华. 大学生创新创业基础[M]. 北京:北京理工大学出版社,2021.

景、产品或服务、市场分析、竞争分析、经营及营销等内容。这份计划书将成为创业者在前三年内做出所有中短期决策的指南。详尽的创业计划书不仅可以帮助创业者厘清思路、成功创业，还能吸引投资者，为企业注入资金，从而为企业的中长期发展提供财务上的保障。因此，创业计划书的编写非常重要。

在编写创业计划书时，我们应遵循内容和格式上的要求。详情请见表7-4。

表格7-4 创业计划书的内容

模块	内容
执行摘要	产品或服务、创业团队、成功的理由、预期收益、风险及控制等
项目背景	市场结构、行业性质、行业寿命周期、行业稳定性等
产品或服务	产品技术类
	文化创意与服务咨询类
市场分析	进入门槛、市场占有率和增长率
竞争分析	竞争对手与自己的优劣势、竞争战略
经营及营销	经营策略、营销策略
公司管理	基本介绍、总体战略、创业团队、内部管理
投资分析及财务分析	投资分析
	财务分析
风险分析与控制	风险分析、风险控制
附件	专利证书、技术鉴定报告、市场调查报告等

案例研讨

案例一 智能出行：小明的创业

小明是一位年轻有为的创业者，他一直梦想着通过创新科技来改善人们的生活。在对市场进行调研后，他发现城市交通拥堵和停车难题是许多人面临的困扰。于是，他决定创立一家智能科技公司，旨在提供智能出行解决方案。

小明和他的团队开始开发一款智能出行应用软件，结合人工智能、大数据和物联网技术；这款应用软件可以实时监测城市交通状况，提供最佳路线规划，并且支持共享交通工具，如共享汽车、电动滑板车和自行车。这不仅可以减少车辆拥堵问题，还能节省能源，改善空气质量。

经过数月的研发和测试，小明的团队成功推出了他们的智能出行应用软件。他们与城市交通运输部门合作，将应用软件推广到一座交通比较拥堵的小型城市中。人们迅速认识到这项创新科技的价值，越来越多的市民开始使用该应用软件来规划出行并使用共享交通工具。

随着时间的推移，小明的创业项目取得了一定的成功。他们的智能出行应用软件被广泛接受，并且在城市中改善了交通状况。人们享受到了更便捷、高效和环保的出行方式，城市也变得更加宜居。

然而，小明面临着一些挑战。他需要不断改进和创新，以应对竞争对手的崛起和技术的迅速发展。他也需要解决一些潜在的问题，如用户隐私保护和安全性。

思考题：

1. 在开发智能出行应用软件中，小明和他的团队是如何利用人工智能、大数据和物联网技术来监测和改善城市交通状况的？

2. 小明和他的团队如何与城市交通运输部门合作，以促进智能出行应用软件在城市中的推广和使用？

3. 面对竞争对手的崛起和技术的迅速发展，小明和他的团队可采取哪些措施来维持其应用软件的竞争优势，并保障用户隐私和安全性？

思考题答案

案例二　智慧教育计划：探索未来的学习之路

张晓琳是一个年轻的工程师。她在一家科技公司工作，负责研发智能家居产品。虽然她在工作中表现出色，但她逐渐感到自己的工作缺乏更大的意义。

有一天，张晓琳在报纸上读到了一个新闻报道，关于偏远地区的学校教育资源不足的报道。这个消息深深触动了她的内心，她决定利用自己的技术和知识，为那些地区的孩子们做些什么。

张晓琳开始着手开发一种智能教育系统，旨在通过科技手段解决教育资源不足的问题。她设想的系统可以提供在线教育课程、互动学习工具和远程辅导，使那些偏远地区的孩子们也能获得优质的教育资源。

她把这个项目命名为"智慧教育计划"，并开始寻求支持和合作伙伴。她联系了一些慈善机构和教育组织，分享了自己的愿景，并寻求他们的支持。虽然一开始遇到了资金不足、合作伙伴少、技术基础设施存在局限性等困难，但她坚持不懈地努力，最终克服了这些困难。

随着时间的推移，张晓琳的智慧教育计划逐渐扩大，覆盖了更多的地区和学生群体。通过与当地政府和学校合作，他们成功地为孩子们提供了在线教育的机会。孩子们通过智能设备接入课程内容，并获得了与老师远程互动的机会。

智慧教育计划不仅为那些偏远地区的孩子们带来了希望，也为张晓琳带来了巨大的满足感和成就感。她意识到自己不仅仅是一个工程师，还是利用技术创新来改善社会问题的倡导者和实践者。

思考题：

1. 张晓琳如何将她的技术背景转化为创业机会，并为她的智慧教育计划找到支持和合作伙伴？

_____

_____

_____

_____

_____

2. 张晓琳的智慧教育计划是如何解决偏远地区学生教育资源不足的问题的？

_____

_____

_____

3. 张晓琳在推动智慧教育计划的过程中遇到了哪些困难,她如何做可以克服这些困难?

思考题答案

实用工具

《普通本科学校创业教育教学基本要求(试行)》

创新创业能力量表

1. 测试目的

创新创业能力指的是企业家或创业者个人所具备的能力,具体指顺利开展创业活动所应具备的各种知识、技能、价值观、态度、行为等的总和,是创业活动顺利进行的重要驱动力和取得最终创业成功的关键因素。进行创新创业能力量测试,有助于我们挖掘自身具备的创新创业能力,从而对自己是否适合创业有一个初步的认识。

2. 测试内容

以下是关于大学生创新创业能力的描述,请你根据实际情况回答,并在你最认同的选项栏打"√"。请按以下等级打分:1=非常不符合;2=比较不符合;3=难以确定;4=比较符合;5=非常符合。设定平均得分可以分为如下四个等级,分别为低(1—1.99)、中下(2—2.99)、中上(3—3.99)以及高(4—4.99)。具体如表7-5所示。

表 7-5 创新创业能力测试[①]

题 项	非常不符合	比较不符合	难以确定	比较符合	非常符合
1. 我善于把分散的资源整合起来去实现个人或团队的发展目标					
2. 我敢于承担工作中革新失败后所带来的任何风险					
3. 我经常会提出一些带有原创性的想法					
4. 我善于发现一个问题的本质					
5. 面对一个问题,我常反复思考它的实质,努力寻求更有效的解决方式					
6. 我善于有针对性地高效获取与学习、工作相关的信息					
7. 在团队中,我有能力安排合适的人去做合适的工作					
8. 我是一个勇于冒险的人					
9. 在参加讨论时,我敢于坚持自己认为正确的观点					
10. 我勇于承认自己在工作或生活中的错误且知错就改					
11. 我有一个能给我的职业发展提供巨大帮助的社会关系网					
12. 与别人交流时,我能很好地理解别人所说的话					
13. 我善于带领他人一起攻坚克难					
14. 我经常参加各种社会实践活动					

[①] 杨晓慧. 大学生就业创业教育研究[M]. 北京:经济科学出版社,2015. 有改动。

续　表

题　项	非常 不符合	比较 不符合	难以 确定	比较 符合	非常 符合
15. 如果我管理一个公司，我相信自己有能力为公司谋求发展之路					
16. 我做过学生干部，而且工作出色					
17. 我善于赢得他人对我的信任					
18. 我很乐于助人					
19. 我对大学的生活很满意					
20. 我能充分地做好准备，把握发展的机遇					
21. 我善于和不同部门或团队中的成员一起合作					
22. 我是一个不畏艰险的人					
23. 压力很大的情况下，我也能努力把事情做好					
24. 我大学期间的专业成绩很好					
25. 我相信自己能抓住每一次发展机会					
26. 我性格开朗、乐观向上					
27. 我非常自信					
28. 我做事脚踏实地					
29. 在学习或工作中如果失败了，我也会继续努力，直至成功为止					
30. 我善于创造性思考					
31. 一旦做出承诺，我一定会全力去兑现					
32. 我清楚自己在工作中应该肩负的责任					

续表

题　项	非常不符合	比较不符合	难以确定	比较符合	非常符合
33. 我善于根据环境的变化调整自己的目标和思路					
34. 我能很好地解决学习或工作中遇到的难题					
35. 我能够适应较大的工作压力					
36. 我在团队中能包容他人，乐于同他人一起合作解决难题					
37. 我在学校的各种活动中都是一个活跃分子					
38. 即便困难重重，我依然坚持自己的信念、执着行动					
39. 我善于发现生活或工作中存在的关键问题					
40. 如果让我管理一家公司，我一定能胜任					
41. 我关注团队的共同发展					
42. 在有很多不确定因素的情况下，我也能想出好的方法或创意					
43. 一旦抓到一个机会，我常常能很好地利用它					

后　记

　　大学生在就业方面的挑战已成为社会广泛关注的议题。随着教育水平的普遍提升，高校毕业生人数的持续增长，就业竞争正变得日益激烈。值得注意的是，大学生就业问题不仅关乎个人，也与社会稳定和发展紧密相连。一个充满活力且技能丰富的劳动力群体是国家经济繁荣和社会进步的基石。

　　大学作为大学生步入职场前的关键阶段，其目标任务之一是为大学生的职业道路提供正确的指导和适宜的就业选择。课堂教学在这一过程中扮演着至关重要的角色，它是传授职业发展理论与实践技能的有效途径。为了更好地将这些知识与技能传授给大学生，我们基于《大学生职业生涯发展规划》推出了《大学生职业发展与就业创业实训教程》。这本书旨在帮助教师引导大学生参与实践活动，积累职业选择所需的能力和经验，为他们的就业和创业之路打下坚实的基础。

　　《大学生职业发展与就业创业实训教程》终于付梓，我们深感欣慰。在编写过程中，我们始终坚持以大学生为中心，深入分析了当前大学生就业市场的特点和趋势，结合国内外先进的职业规划理念和方法，力求使教材内容贴近大学生的实际需求，以提升大学生的职业规划能力和就业竞争力为目标，力求使教材内容既科学又实用，既系统又灵活。我们深知，职业规划是一个持续的过程，需要大学生不断地学习和实践。因此，我们希望本书能够成为大学生职业发展与就业创业的良师益友，帮助他们在未来的职业道路上取得成功。

后记

在本书的编写过程中，我们得到了许多人的帮助和支持。我们要特别感谢高等教育出版社的编辑和同仁在教材编写和出版中给予的宝贵建议，以及他们在本书出版过程中付出的努力，还要感谢所有参与本书编写和审稿的专家和学者，他们的宝贵意见和建议使本书更加完善。

最后，我们诚挚地希望读者能够对本书提出宝贵的意见和建议。我们相信，通过不断的学习和改进，我们能够更好地服务于大学生的成长，为他们未来的职业发展奠定坚实的基础。

张惠琴

2024 年 5 月于成都

郑重声明

高等教育出版社依法对本书享有专有出版权。任何未经许可的复制、销售行为均违反《中华人民共和国著作权法》，其行为人将承担相应的民事责任和行政责任；构成犯罪的，将被依法追究刑事责任。为了维护市场秩序，保护读者的合法权益，避免读者误用盗版书造成不良后果，我社将配合行政执法部门和司法机关对违法犯罪的单位和个人进行严厉打击。社会各界人士如发现上述侵权行为，希望及时举报，我社将奖励举报有功人员。

反盗版举报电话　（010）58581999　58582371
反盗版举报邮箱　dd@hep.com.cn
通信地址　北京市西城区德外大街4号　高等教育出版社知识产权与法律事务部
邮政编码　100120

教学资源服务指南

扫描下方二维码，关注微信公众号"高教社极简通识"，学生可学习名校通识课，教师可学习教师培训课程、免费申请课件和样书、观看直播回放等。

名校通识课

点击导航栏中的"名校通识"，点击子菜单中的"课程专栏"，即可选择相应课程进行学习。

教师培训

点击导航栏中的"教师培训"，点击子菜单中的"培训课程"，即可选择相应课程进行学习。

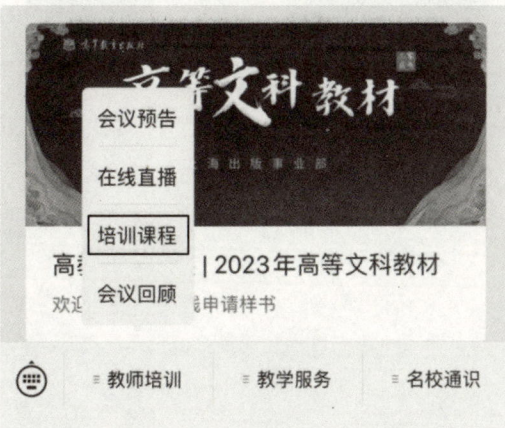

教学资源服务指南

课件申请

点击导航栏中的"教学服务",点击子菜单中的"资源下载",注册并填写相关信息即可申请课件。

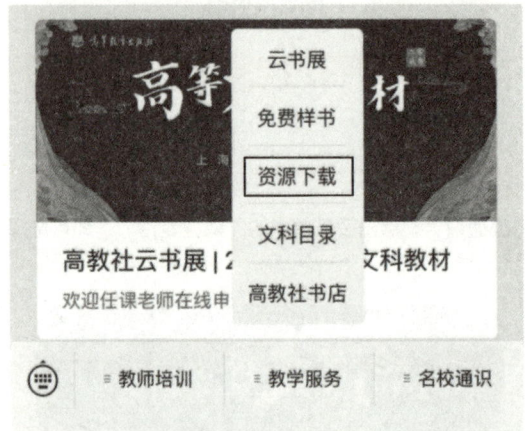

样书申请

点击导航栏中的"教学服务",点击子菜单中的"免费样书",填写相关信息即可免费申请样书。

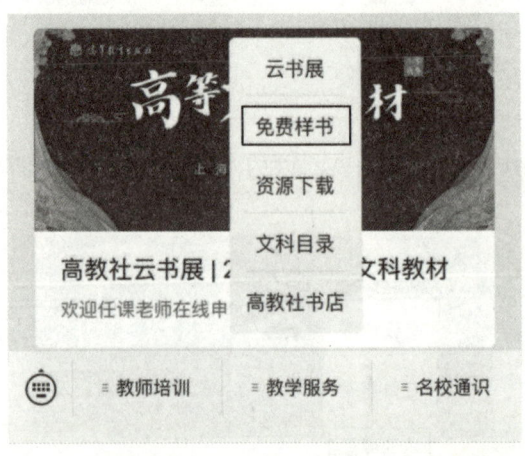